왕초보 누구나 쉽게 배운다!
러시아어 첫걸음

www.donginrang.co.kr

머리말

"러시아어는 너무 어려워!"

러시아어 공부를 본격적으로 시작하기도 전 학생들이 가장 많이 하는 말이다. 한러 외교관계가 수립된 지 벌써 20여년이 지났지만 여전히 한국인 인식 속 러시아는 **먼 나라**이고, 러시아어는 **먼 언어**이다.

하지만 실상은 그렇지 않다. 오늘날 러시아는 경제, 사회, 문화, 과학기술 등 제반 분야에서 상호 협력을 활발히 추진하는 **가까운 이웃**이 되었고, 러시아어는 정확한 문법 규칙만 파악하면 쉽게 습득할 수 있는 **가까운 언어**이다.

세계 경제가 어려운 가운데에서도 양국 교역액은 매년 사상 최대치를 기록하고 있고, 양국 인적교류 역시 **한-러 일반여권 사증면제협정** 발효(2014.1.1) 에 힘입어 폭발적으로 증가하고 있다. 러시아와 교류가 점차 늘어나면서 각종 기업체, 관공서에서는 러시아어 구사 인력을 충원하고 있고, 이에 따라 자연스럽게 러시아어를 배우는 학생, 직장인 등이 증대되고 있다. 하지만 안타깝게도 여전히 많은 이들이 러시아어를 **어려운 언어**라고 인식해 적극적인 학습을 꺼리고 있다.

"정확한 문법 규칙만 파악하면
　　　　쉽게 습득할 수 있는 언어야!"

필자는 전문 통번역사로서 실제 현장에서 러시아어를 구사하며 습득한 노하우를 활용해 보다 쉽게 러시아어를 공부할 수 있도록 본 교재를 집필했다. 외국어는 단순히 책으로만 습득하는 것이 아니기 때문에 문법 위주의 언어가 아닌, 실제 외국인이 사용하는 현지 언어를 반영하도록 했다.

본 교재는 알파벳 습득 후 기본회화 파트에서 가장 기초적인 표현을 미리 학습함으로써 보다 쉽게 본문을 익힐 수 있도록 구성됐다. 또한 학습자들이 어려워하는 러시아어 발음을 한국어 표기함으로써 정확한 의사소통이 가능하도록 도모했다. 수준 높은 외국어 구사의 토대가 되는 문법의 경우 정확한 규칙 파악이 중요하다는 생각에 자세한 설명을 덧붙였다.

부디 본 교재를 활용해 보다 효율적으로 러시아어를 공부하고 더 나아가 러시아에 대한 무한한 애정이 생기길 바란다. 끝으로 본 교재가 나오기까지 도움을 주신 모든 분들께 감사의 마음을 표한다.

저자 이혜경

이 책의 활용과 구성

1. 오늘날의 러시아어

러시아어의 알파벳과 발음을 익히는 코너이다. 총 33개의 알파벳으로 되어 있으며, MP3를 듣고 따라하며 문자를 쓰면서 러시아어를 시작하도록 한다.

2. 누구나 쉽게 시작하는 **기본회화**

누구나 쉽게 러시아어에 친숙해 질 수 있도록 상황에 따른 기본회화문을 구성하였다. 본문 시작 전, 러시아어의 기본회화문을 익히면서 기본표현과 개념을 알아두자.

3. 단어

어떤 언어를 공부하든 단어를 외우는 것은 그 언어학습의 시작이다. 새로 나온 단어를 위주로 수록하였으며, 본문대화 시작 전 미리 MP3를 들으며 학습하도록 한다.

부록   MP3 다운로드 www.donginrang.co.kr

학습의 편의를 위하여 가장 비슷한 한글발음을 적어놓았으나, 실제발음과는 차이가 있으므로 원어민이 녹음한 발음을 듣고 따라하며 회화연습을 하도록 한다.

4. 현재 러시아에서 사용하는 **실제회화**

러시아에서 현재 사용되는 회화문을 위주로 본문을 구성하였다. 실제 상황에 맞게 구성하여 러시아의 실생활에 필요한 대화문을 통해 러시아어와 문화를 동시에 익힐 수 있다.

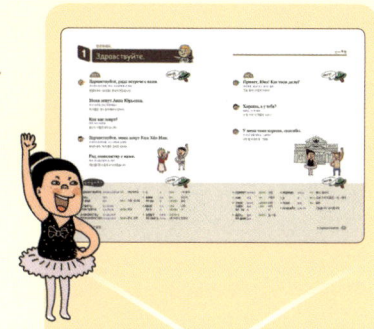

5. 회화에 꼭 필요한 **문법 설명**

제목 그대로 회화에 꼭 필요한 문법만을 간단히 설명하였다. 재미있는 일러스트로 쉽고 재미있게 표현하였으므로 잘 알아두도록 하자.

6. 여러 가지 **다양한 표현들**

각 과 마다 주제에 맞는 다양한 표현들을 함께 실었다. 본문에 쓰인 문장외에 함께 사용될 수 있는 문장들이므로 외워두면 유용하게 사용할 수 있다.

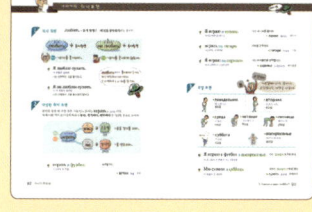

7. 바꿔 쓰는 표현

자주 쓰이는 문장을 단어를 바꿔가며 회화연습을 할 수 있도록 하였다. 문장이 쓰이는 상황들을 상상하며 MP3를 듣고 따라하도록 하자.

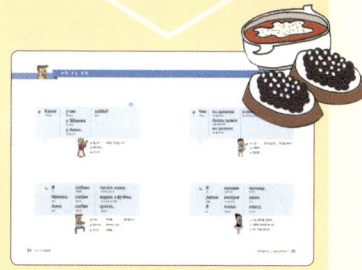

8. 러시아 문화

러시아어를 배우려면 러시아의 문화도 함께 알아야 한다. 언어는 그 나라의 문화와 떨어져 있을 수 없기 때문이다. 재미있게 읽으면서 다음과를 준비하도록 하자.

차례

머리말   2
이책의 구성과 활용   4

발음

러시아어란?   12
호 칭   13
문자와 발음   14
    1) 알파벳   14
    2) 문자와 발음   18
       ① 자음   ② 모음   ③ 경자음 부호   ④ 연자음 부호
    3) 강세와 억양   36
       ① 강세   ② 억양

기본회화

1. 인사하기 - 기본적인 인사   40
2. 질문하기 - 사람   42
3. 질문하기 - 사물   44
4. 질문하기 - 출신국   46
     문법 알아두기-인칭대명사
5. 질문하기 - 이름   50
     문법 알아두기-인칭대명사의 생격(소유격)

6. 질문하기- 직업 52
   문법 알아두기- 전치사 в/на

7. 질문하기 - 나이 56
   문법 알아두기-인칭대명사의 여격

8. 질문하기 - 가격 58

9. 질문하기 - 소유 60

10. 권유하기 62
    문법 알아두기-접속사

본문

01 Здравствуйте. 안녕하세요. 67
회화에 꼭 필요한 초간단 문법 설명 _ 명사의 성과 수
　　　　　　　　　　　　　　　　　　인칭대명사의 소유격
여러 가지 인사표현
바꿔 쓰는 표현 - 인사
러시아 국가정보 78

02 Кем вы работаете? 당신의 직업은 무엇입니까? 79
회화에 꼭 필요한 초간단 문법 설명 _ 의문대명사 кто, что
　　　　　　　　　　　　　　　　　　동사 работать 일하다
　　　　　　　　　　　　　　　　　　в/на + 전치격
여러 가지 직업표현
바꿔 쓰는 표현 - 직업
러시아의 상징 88

03 Какое у вас хобби? 너는 취미가 뭐니? 89
회화에 꼭 필요한 초간단 문법 설명 _ 형용사의 성과 수
　　　　　　　　　　　　　　　　　　의문대명사 какой
　　　　　　　　　　　　　　　　　　명사의 조격
여러 가지 취미 표현
바꿔 쓰는 표현 - 취미
러시아의 문화와 예술 101

04 Какой вид транспорта у вас есть?   103
어떤 교통수단이 있나요?

회화에 꼭 필요한 초간단 문법 설명 _ 동작동사
В/на + 교통수단
у + 소유격

다양한 표현들 - 숫자, 화폐, 색
바꿔 쓰는 표현 - 교통

러시아의 교통수단 114

05 Я забронировал номер. 호텔방을 예약했습니다.   115

회화에 꼭 필요한 초간단 문법 설명 _ 동사의 상과 변화
재귀동사

다양한 표현들 - 체크인·체크아웃, 러시아인 이름
바꿔 쓰는 표현 - 호텔 (체크인, 체크아웃)

공항철도 이용방법 126

06 Где можно купить сувениры?   127
기념품은 어디서 살 수 있을까요?

회화에 꼭 필요한 초간단 문법 설명 _ 시간표현 전치사
시간표현

다양한 표현들 - 물건사기, 감정의 표현
바꿔 쓰는 표현 - 가격

러시아의 기념품 140

07 В ресторане 식당에서   141

회화에 꼭 필요한 초간단 문법 설명 _ 형용사의 비교급과 최상급
из/с + 소유격

다양한 표현들 - 식당, 식사
바꿔 쓰는 표현 - 주문

러시아 음식 156

08 В поликлинике 병원에서 … 157

회화에 꼭 필요한 초간단 문법 설명 _ из-за + 소유격
К + 여격
의미상주어 - 여격의 특수용법

다양한 표현들 - 신체, 날짜-서수와 기수, 월/일
바꿔 쓰는 표현 - 병원

러시아의 종교 170

09 Я хочу вас пригласить. 당신을 초대하고 싶어요. … 171

회화에 꼭 필요한 초간단 문법 설명 _ 명령문, 권유·제안, 복합 동작동사

다양한 표현들 - 초대, 전치사 перед
바꿔 쓰는 표현 - хочу + 소유격 + 동사원형

러시아 명절 180

10 Электронная почта 이메일 … 181

회화에 꼭 필요한 초간단 문법 설명 _ по + 여격
관계대명사
대립의 의미 а

다양한 표현들 - 가족, 인터넷, 러시아SNS, 전화
바꿔 쓰는 표현 - 이메일주소, 전화

러시아의 주요 도시 194

부록

인칭대명사 격 변화표 … 196

명사의 격 변화표 … 197

형용사 격 변화표 … 198

동사변화표 … 199

발음

러시아어란?

호칭

1) 처음 보는 사람, 상대방을 정중하게 부를 때

러시아어에는 상대편을 가리키는 2인칭 대명사가 2가지 존재한다.

가깝고 우호적인 대상   우리말의 존경어에 해당하는 정중체

2) 모르는 사람에게 말을 걸 때

낯선 사람에게 말을 걸 때는 ≪Извините, пожалуйста ~~≫으로 시작하면 좋다. Извините 이즈비니쩨는 죄송하다, 미안하다의 뜻을 지닌 동사이며, пожалуйста 빠좔루스따는 제발, 부디, 천만에 등 여러가지 뜻이 있지만 해당 문맥 상 실례, 죄송을 의미한다. 즉, 죄송합니다만 혹은 실례합니다만 으로 해석될 수 있다. 영어의 Excuse me!에 해당된다.

3) 러시아인의 이름

기본적으로 **이름 + 부칭 + 성** 으로 구성되어 있다.

부칭은 말 그대로 아버지의 이름을 따온 것인데 여성의 경우 아버지 이름 뒤에 어미 -вна 브나 혹은 -на 나 가 붙고 남성의 경우 -вич 비치 혹은 -ич 이치 가 붙는다.

이름   부칭   성

문자와 발음

1. 알파벳

러시아어의 알파벳은 총 33개이다.

자음 21개, 모음 10개, 경자음 부호 1개, 연자음 부호 1개로 이루어졌다.

자음 21개

Б В Г Д Ж З Й
К Л М Н П Р С
Т Ф Х Ц Ч Ш Щ

모음 10개

А Ы У Э О Я И
Ю Е Ё

경자음 부호 1개

Ъ

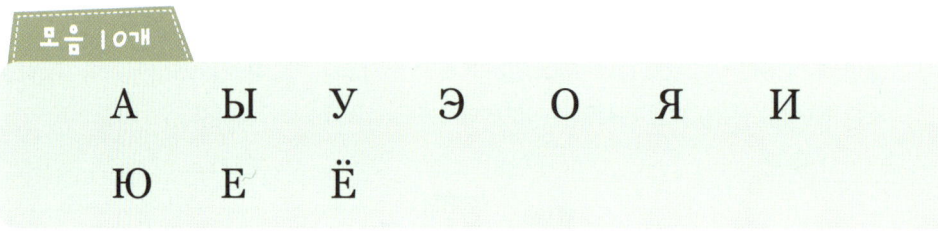

연자음 부호 1개

Ь

들으면서 큰 소리로 따라해 보세요.

알파벳		필기체		명칭		발음	
А	а	*A* *a*		[а]	아	a	아
Б	б	*Б* *б*		[бэ]	베	b	ㅂ
В	в	*В* *в*		[вэ]	붸	v	ㅂ
Г	г	*Г* *г*		[гэ]	게	g	ㄱ
Д	д	*D* *д*		[дэ]	데	d	ㄷ
Е	е	*E* *e*		[е]	예	je	예
Ё	ё	*Ё* *ё*		[ё]	요	jo	요
Ж	ж	*Ж* *ж*		[же]	줴	ž	ㅈ
З	з	*З* *з*		[зэ]	제	z	ㅈ
И	и	*И* *и*		[и]	이	i	이
Й	й	*Й* *й*		[и краткое]	이 크랏코에	j	이

발음 15

들으면서 큰 소리로 따라해 보세요.

알파벳	필기체	명 칭		발 음	
К к	*K k*	[ка]	까	k	ㄲ
Л л	*Л л*	[эл]	엘	l	ㄹ
М м	*М м*	[эм]	엠	m	ㅁ
Н н	*Н н*	[эн]	엔	n	ㄴ
О о	*О о*	[о]	오	o	오
П п	*П п*	[пэ]	뻬	p	ㅃ
Р р	*Р р*	[эр]	에르	r	ㄹ
С с	*С с*	[эс]	에쓰	s	ㅆ
Т т	*Т т*	[тэ]	떼	t	ㄸ
У у	*У у*	[у]	우	u	우
Ф ф	*Ф ф*	[эф]	에프	f	ㅍ

16 러시아첫걸음

알파벳		필기체		명칭		발음	
Х	х	*X x*		[ха]	하	x	ㅎ
Ц	ц	*Ц ц*		[цэ]	쩨	c	쯔
Ч	ч	*Ч ч*		[че]	체	č	츠
Ш	ш	*Ш ш*		[ша]	샤	š	쉬
Щ	щ	*Щ щ*		[ща]	쌰	šč	쒸
Ъ	ъ	*ъ*		[твёрдый знак]		-	
Ы	ы	*ы*		[ы]	의	y	의
Ь	ь	*ь*		[мягкий знак]		-	
Э	э	*Э э*		[э]	에	e	에
Ю	ю	*Ю ю*		[ю]	유	ju	유
Я	я	*Я я*		[я]	야	ja	야

발음 17

문자와 발음 - 자음

2. 문자와 발음

1) 자음

러시아어 자음은 유성음과 무성음으로 구분된다.
유성음은 목의 성대가 떨리면서 나는소리, 무성음은 성대가 떨리지 않고 나는 소리이다.

| 유성음 | б | в | г | - | д | з | - | ж | - | - | л | м | н | р | й |
| 무성음 | п | ф | к | х | т | с | ц | ш | ч | щ | - | - | - | - | - |

Б [бэ]　ㅂ　　우리말의 [ㅂ]와 비슷하지만 유성음이다.
입술을 다물었다가 열면서 내는 파열음이며 영어 book의 b 소리에 가깝다.

Б б

- Бабушка　　바부쉬까　　할머니
- Библиотека　비블리아쩨까　도서관

В [вэ] ㅂ

영어 v와 비슷하며 윗니 끝을 아래 입술에 가볍게 대고 발음하는 마찰음이다.

- Врач 브라치 의사
- Весна 베스나 봄

Г [гэ] ㄱ

우리말의 [ㄱ]와 비슷하지만 유성음이다. 혀의 뒷부분을 입천장 뒤에 댔다가 떼면서 발음한다. 영어 good의 g 소리에 가깝다.

- Газета 가제따 신문
- Город 고라드 도시

문자와 발음 - 자음

Д [дэ]　ㄷ

우리말의 [ㄷ]와 비슷하지만 유성음이다. 혀끝을 윗니 뒤쪽에 대고 그 혀끝이 약간 아래로 향하게 하면서 발음한다. 영어의 d에 가깝다.

- Добрый　도브르이　좋은, 훌륭한
- Дедушка　제두쉬까　할아버지

Ж [же]　ㅈ

입술을 앞으로 내밀고 혀끝을 윗 잇몸의 뒤쪽으로 말아올리며 뒷혀는 여린입천장 쪽으로 올라간다. 영어 pleasure의 s에 가깝다.

- Женщина　젠쉬나　여성
- Журнал　주르날　잡지

З [зэ] ㅈ

혀끝을 윗니 안쪽으로 올리고 발음한다.
영어 zone의 z에 가깝다.

З з

- **Здание** 즈다니예 건물
- **Земля** 제믈랴 땅

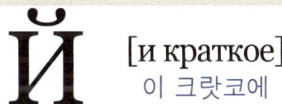

Й [и краткое] 이 크랏코에

혀의 뒤쪽을 입천장으로 올려서 발음하는 짧은 [이] 소리다.
영어 boy의 y에 가깝다.

Й й

- **Мой** 모이 나의
- **Твой** 트보이 너의

문자와 발음 - 자음

К [ка] ㄲ   우리말의 된소리 [ㄲ]와 비슷하다.

К к

- Корея   까레야   한국
- Книга   끄니가   책

Л [эл] ㄹ   우리말 [ㄹ]와 비슷하다. 혀끝을 윗니 뒷쪽 밑에 가볍게 대고 혀 뒷부분을 올려 숟가락 모양으로 만든 다음 목구멍으로 발음한다.

Л л

- Лето   례따   여름
- Литература   리쩨라뚜라   문학

М [эм] ㅁ

입술을 다물었다가 숨을 내쉬면서 우리말의 [ㅁ]처럼 발음하다.

М м

- Магазин 마가진 상점
- Музыка 무지까 음악

Н [эн] ㄴ

우리말의 [ㄴ]와 비슷하며 영어의 n에 가깝다.

Н н

- Небо 녜바 하늘
- Номер 노메르 번호

문자와 발음 - 자음

П [пэ] 빼 — 우리말 된소리 [ㅃ]와 비슷하며 입술을 다물었다가 입김을 내면서 발음한다. 영어 p와 유사하다.

П п

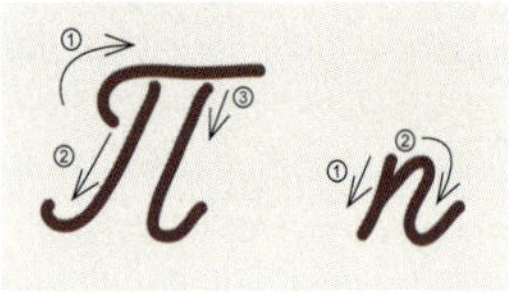

- Письмо 피씨모   편지
- Поэт   빠에뜨   시인

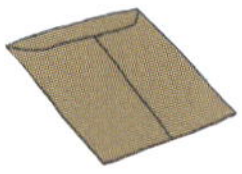

Р [эр] ㄹ — 우리말 [ㄹ]와 비슷하며 혀를 앞으로 내밀고 중앙부를 약간 높이 올리며 발음한다.

Р р

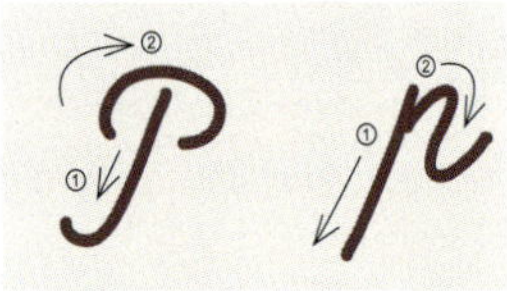

- Работа 라보따   일
- Роман   라만   소설

C [эс] ㅆ

우리말의 된소리 [ㅆ]와 비슷하며 혀끝을 아랫니 안쪽에 대면서 발음한다.

C c

- **Страна** 스뜨라나 나라
- **Сестра** 씨스트라 여자형제 여동생, 언니, 누나

T [тэ] ㄸ

우리말의 [ㄸ]와 비슷하며 영어 t에 가깝다.

T т

- **Такси** 딱시 택시
- **Турист** 뚜리스뜨 관광객

문자와 발음 - 자음

Ф [эф] ㅍ

우리말의 [ㅍ]와 비슷한 발음으로 영어 fire의 f에 가깝다.

- Футбол 풋볼 축구
- Фамилия 파밀리야 성(姓)

X [xa] ㅎ

우리말의 [ㅋ]와 [ㅎ]를 합친 발음에 비슷하며 혀의 뒷부분이 입천장에 접근하면서 그 사이로 숨을 내쉬며 내는 마찰음이다.

- Хорошо 하라쇼 좋다
- Художник 후도쥐니끄 화가

Ц [цэ] 쯔

우리말의 [ㅉ]와 비슷하며 혀끝을 윗 잇몸에 밀착시켰다가 튕기듯이 떼면서 강하게 발음한다. 영어의 tz에 가깝다.

- Цвет 쯔베뜨 ① 색깔 ② 꽃
- Цирк 찌르크 서커스

Ч [че] 츠

우리말의 [ㅊ]와 비슷하며 혀끝을 윗 잇몸의 뒤쪽으로 가볍게 올리며 발음한다. 영어의 ch와 비슷하다.

- Чашка 촤쉬까 찻잔
- Часто 촤스따 자주

문자와 발음 - 자음

Ш [ша] 쉬

영어의 sh에 가깝다.

Ш ш

- Шапка 쌰프까 모자
- шахматы 쌰흐마뜨이 장기

Щ [ща] 쌰

혀의 중심부를 입천장 가까이 올리고 러시아어 ш를 다소 길게 끌듯이 발음한다.

Щ щ

- Вещи 볘쉬 물건
- Щётка 쇼뜨까 솔

문자와 발음 - 모 음

2) 모음

A [a] 아   우리말의 [애]와 본질적으로 다를 바 없다.

A a

- Автобус аф또부스 버스
- Аптека аф쩨까 약국

Ы [ы] 의   우리말의 [의]와 비슷하다. 혀를 뒤로 당긴 다음 혀 중앙부를 입천장 쪽으로 올리며 발음한다.

Ы ы

- Рыба 릐바 물고기
- Сын 씬 아들

발음 **29**

문자와 발음 - 모음

У [y] 우   혀를 뒤로 당기고 입술을 둥글게 하여 내밀면서 우리말의 [우]처럼 발음한다.

- **Ухо** 우하   귀
- **Утром** 우뜨럼 아침

Э [э] 에   우리말의 [에]와 비슷하지만 입을 좀 덜벌리고 발음한다.

- **Это** 에떠   이것
- **Экзамен** 에그자멘 시험

O [o] 오

입술을 둥글게 하여 약간 앞으로 내밀면서 우리말의 [외]처럼 발음한다.

- Остров   오스뜨로프   섬
- Оля   올랴   (사람이름) 올랴

Я [я] 야

우리말의 [야]와 비슷하다.
강세가 없는 Я는 강세가 있는 Я보다 한결 약하게 발음된다.

- Яхта   야흐따   요트
- Яблоко   야블라꼬   사과

러시아어에는 단어의 악센트인 **강세**가 한 단어에 하나씩 있는데, 위치는 모음에 올 수 있어. **Она** 그녀가 오나가 아니라 아나로 발음되는 이유는 강세 때문이지.

문자와 발음 - 모 음

И [и] 이
우리말의 [이]와 비슷하다.
혀를 앞으로 내밀고 중앙부를 약간 높이 올리며 발음한다.

И и

- Интернет 인테르네트 인터넷
- История 이스또리야 역사

Ю [ю] 유
우리말의 [유], 영어 university의 u 소리와 비슷하다.

Ю ю

- Юбка 유브까 치마
- Юра 유라 (사람이름) 유라

E [e] 예

우리말의 [이]와 비슷하다. 강세가 없는 음절의 e는 아주 약하게 발음된다. 강세 바로 앞의 음절에 있는 e는 거의 러시아어 И[이]에 가깝다.

E e

- Если 예슬리 만약
- Европа 예브로빠 유럽

Ё [ё] 요

우리말의 [요]와 비슷하다.

Ё ё

- Ёлка 욜까 트리
- Ёж 요쥐 고슴도치

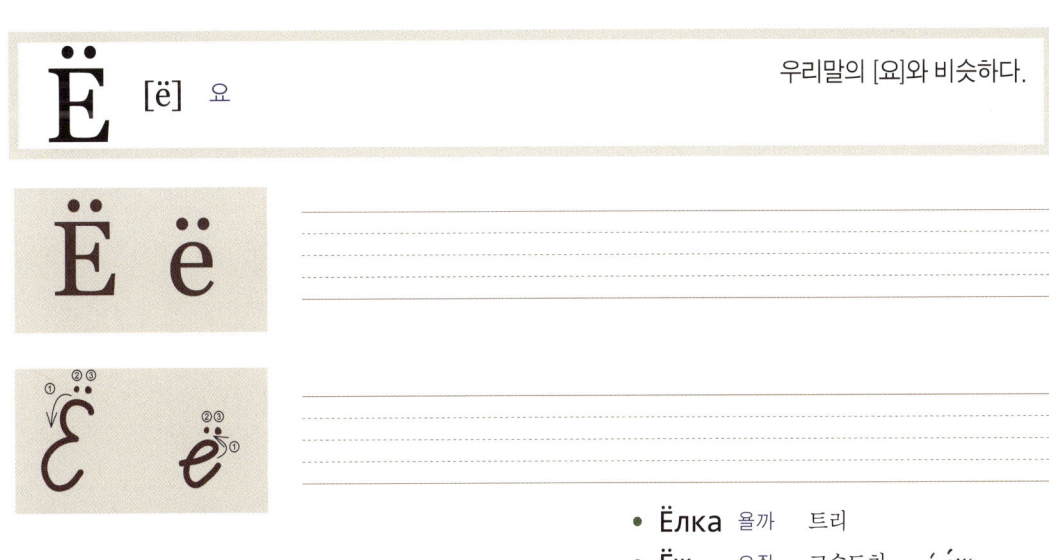

문자와 발음 - 모 음

3) 경자음과 연자음의 발음

러시아어에는 **경자음과 연자음**이 있다. 경자음은 혀가 입천장의 앞부분에 닿으면서 딱딱하게, 연자음은 혀가 입천장의 뒷부분에 닿으면서 부드럽게 발음된다.

경자음과 연자음은 **자음 뒤에 어떤 모음이 오느냐를 기준으로 구분**할 수 있다.

 자음 뒤에 모음 **а, э, ы, о, у** 가 붙으면 경자음으로 발음한다.

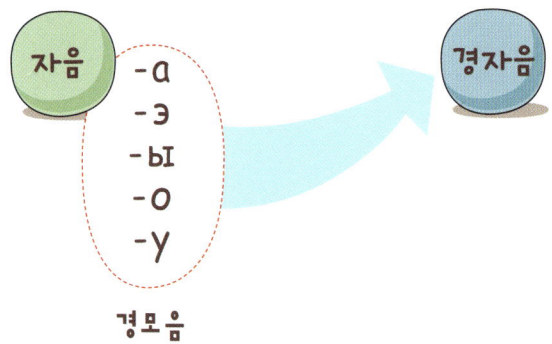

 자음 뒤에 모음 **я, е, и, ё, ю** 가 붙으면 연자음으로 발음한다.

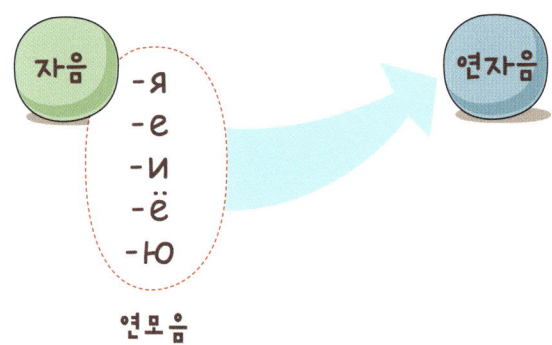

문자와 발음 - 경자음 부호

4) 경자음 부호

Ъ [твёрдый знак] 앞의 자음을 경음으로(강하게) 발음하라는 의미의 부호로써 그 자체의 발음은 없다. 이 부호의 앞과 뒤에 나오는 글자는 연이어 발음하지 않고 따로 떼어서 발음하게 된다.

Ъ ъ

- Подъезд   빠드예즈드   현관입구
- Съезд   스예즈드   집회, 대회

5) 연자음 부호

Ь [мягкий знак] 앞의 자음을 연음으로 발음하라는 의미의 부호로써 그 자체의 발음은 없다. 이 부호의 앞에 나오는 자음은 연음으로 발음하게 된다.

Ь ь

- Деревья   제례뱌   나무
- Июль   이율   7월

문자와 발음 - 강세

3. 강세와 억양

1) 강세

러시아어에서 강세는 대부분 단어당 한 개(예외 존재)이며 **모음**에만 있다. 강세가 있는 모음의 경우 상대적으로 더 길고 분명하게 발음하지만, 그렇지 않은 모음의 경우 약화되어 상대적으로 짧게 발음될 뿐 아니라 다르게 발음되기도 한다.

① 모음 **a**와 **o**

단어의 첫 철자(어두)이거나 강세가 없을 경우 짧은 [애]로 발음된다.

- o‌кно́   아크노   창문
- а‌втобу́с   아프토부스   버스

② ч와 щ 뒤의 **a**

ч와 щ 뒤의 **a**가 강세가 없을 경우 짧은 [이]로 발음된다.

- ча‌сы́   치씨   시계
- пло́ща‌дь   쁠로쉬지   광장

짧은 [이]로 발음해!

③ 모음 **e**와 **я**

강세가 없을 경우 [에] 혹은 [이]와 유사하게 발음된다.

- се‌мья́   씸야   가족
- я‌зы́к   이지크   언어
- мо́ре‌   모레   바다

문자와 발음 - 자 음

2) 억양

모든 언어가 그렇긴 하지만, 러시아어에서 억양은 문법적인 요소 중 하나로 볼 수 있을 정도로 **중요하다**. 그 종류가 몇 가지인가에 대해서는 학자마다 의견의 다르나 보통은 일곱 가지로 분류하며, 학술적인 단계까지 가지 않는 이상 다섯 가지만 학습한다.

억양 1

주로 평서문에 쓰인다.
문장의 중심이 되는 단어의 강세에서 억양의 높이가 완만히 하강한다.

에떠 안나
Это Анна.

이 사람은 안나입니다.

억양 2

주로 감탄사를 말할 때, 강조할 때 또는 의문사가 있는 의문문에서 쓰인다.
문장의 중심이 되는 단어의 강세에 힘을 주어 때리듯이 말한다.

크또 에떠
Кто это?

이 사람은 누구입니까?

문자와 발음 - 억양

억양 3

주로 의문사가 없는 의문문을 말하거나 열거할 때 쓰인다. 문장의 중심이 되는 단어의 강세에서 억양이 급격히 상승한 후 다시 급격히 하강한다.

에떠　　　　빅토르
Это Виктор?

이 사람은 빅토르입니까?

억양 4

주로 간단한 반문을 할 때나 열거할 때 쓰인다.
문장의 중심이 되는 단어에서 억양이 하강한 후 다시 상승한다.

아　　에떠
А это?

그럼, 이것은요?

억양 5

주로 감탄문을 말할 때 쓰인다.
문장 첫 단어의 강세에서 상승한 후 문장 끝 단어의 강세에서 하강한다.

까까야　　　　크라시바야　　　　　　제부시카
Какая красивая девушка!

참으로 아름다운 아가씨군요!

기본 회화

1. 인사하기 - 기본적인 인사

만났을 때

Здравствуйте!
즈드라스뜨부이쩨
안녕하세요!

Привет!
쁘리베트
안녕! 만날 때

> 일반적으로 인사할 때는 **Здравствуйте!**
> 친한 사이일 때는 **Привет!**

헤어질 때

До свидания!
다 스비다니야
안녕히 계세요!

До встречи!
다 브스트레치
다시 만날때까지 안녕히 계세요!

Пока!
빠까
안녕! 헤어질 때

- **до** 다 / 다시
- **свидания** 스비다니야 / 만남
- 원형 **свидание** 스비다니예

시간대별 인사

Доброе утро!
도브로예 우뜨라
좋은 아침이예요! 아침인사

Добрый день!
도브르이 젠
좋은 오후예요! 점심인사

Добрый вечер!
도브르이 베체르
좋은 저녁이예요! 저녁인사

- **Доброе** 도브로예 / 중성 형용사
- **Добрый** 도브르이 / 남성 형용사 / 좋은, 훌륭한
- **утро** 우뜨라 / 중성 명사 / 아침
- **день** 젠 / 남성 명사 / 낮, 하루
- **вечер** 베체르 / 남성 명사 / 저녁

1. 기본적인 인사

Hello와 Hi	**Здравствуйте!** 즈드라스뜨부이쩨
	Привет! 쁘리베트
Good Bye와 Bye	**До свидания!** 다 스비다니야
	До встречи! 다 브스트레치
	Пока! 빠까

> **Анна, привет!**
> 안나, 쁘리베트
> 안나, 안녕!

> **Хёнмин, здравствуйте!**
> 현민, 즈드라스뜨부이쩨
> 현민씨, 안녕하세요!

2. 시간대별 인사

영어와 마찬가지로 아침, 점심, 저녁 때 하는 인사가 구분돼 있다.

아침	**Доброе утро!**	도브로예 우뜨라
점심	**Добрый день!**	도브르이 젠
저녁	**Добрый вечер!**	도브르이 베체르

добрый 도브르이 는 **좋은, 훌륭한**이라는 뜻의 형용사이고, **утро** 우뜨라 는 **아침**, **день** 젠 은 **낮·점심**, **вечер** 베체르 는 **저녁**이라는 뜻의 명사이다.

> **Хёнмин, доброе утро!**
> 현민, 도브로예 우뜨라
> 현민씨, 좋은 아침이예요!

> **Анна, добрый день!**
> 안나, 도브르이 젠
> 안나, 좋은 오후예요!

기본회화 **41**

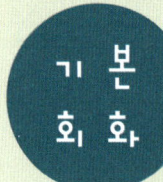
2. 질문하기- 사람

◀ Кто это?
크또 에떠

↳ Это Анна.
에떠 안나

이 사람은 누구입니까?

이 사람은 안나입니다.

- кто
  크또
  누구

- это
  에떠
  이(사람), 이것

◀ Анна, кто это?
안나, 크또 에떠

↳ Это Антон.
에떠 안톤

안나, 이 사람은 누구입니까?

이 사람은 안톤입니다.

◀ Иван, кто это?
이반, 크또 에떠

↳ Это Анна и Антон.
에떠 안나 이 안톤

이반, 이 사람들은 누구입니까?

이 사람들은 안나와 안톤입니다.

- и
  이
  ~와/ 과
  그리고

1. 사람에 대한 질문

KTO 크또는 **누구**라는 뜻의 의문사, **ЭТО** 에떠는 **이, 이것**의 뜻을 가진다. **ЭТО** 에떠의 경우 사람, 사물 모두 지칭이 가능하기 때문에, **이 사람은~, 이것은~**으로 해석될 수 있다.

2. 질문에 대한 답변

이 사람은 ~입니다의 경우, **이 사람**을 뜻하는 **Это** 에떠로 시작해 소개 대상을 뒤에 덧붙여 표현할 수 있다.
두 명 이상의 복수의 대상을 지칭할 경우 **그리고**라는 뜻의 **И** 이를 대상들 사이에 넣어준다.

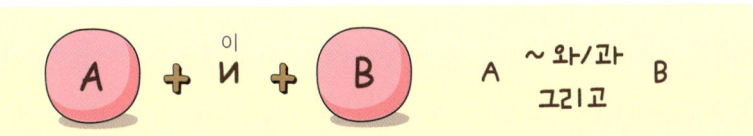

Это Хёнмин.
에떠 현민
이 분은 현민씨 입니다.

И это Анна.
이 에떠 안나
그리고 이 분은 안나씨 입니다.

3. 질문하기- 사물

▲ Что это?
쉬또 에떠
이것은 무엇입니까?

┗ Это ручка.
에떠 루치카
이것은 펜입니다.

▲ Это книга?
에떠 끄니가
이것은 책입니까?

┗ Да, книга.
다, 끄니가
네, 책입니다.

▲ А это?
아 에떠
그럼 이것은 무엇입니까?

┗ Это тоже книги.
에떠 또줴 끄니기
이것도 책입니다.

▲ Это книга?
에떠 끄니가
이것은 책입니까?

┗ Нет, это не книга. Это журнал.
넷, 에떠 녜 끄니가. 에떠 주르날
아니오, 책이 아닙니다. 이것은 잡지입니다.

- что
  쉬또
  무엇

- ручка
  루치카
  여성 명사 펜

- книга
  끄니가
  여성 명사 책

- да
  다
  네, 예

- А
  아
  그러면, 그럼

- тоже
  또줴
  또한

- Нет
  녯
  아니요

- не
  녜
  다음에 오는 단어 또는 구를 부정
  ~아니다, ~이 아닌

- журнал
  주르날
  남성 명사 잡지

44 러시아첫걸음

1. 사물에 대한 질문

Что 쉬또 는 무엇, **Это** 에떠 는 이, 이것의 뜻을 가진다. **Это** 에떠 의 경우 사람, 사물 모두 지칭이 가능한데, 여기서는 이것은~으로 해석한다.

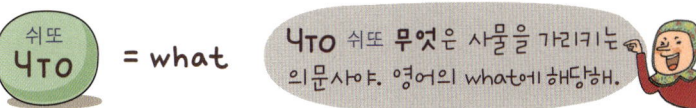

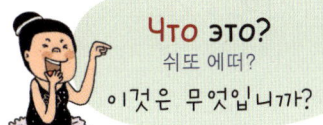

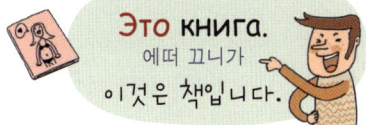

2. 질문에 대한 답변 - 긍정, 부정

да 다 는 영어의 yes, **нет** 넷 은 no, **не** 녜 는 ~이 아니다라는 뜻의 not에 해당된다.

4. 질문하기- 출신국

▷ **Откуда вы?**
아뜨쿠다 븨
어느나라에서 오셨나요?

↳ **Я из Кореи.   Я кореец.**
야 이즈 까레이.   야 까레예츠
저는 한국에서 왔습니다. 저는 한국인(남자) 입니다.

▷ **А вы откуда?**   그럼, 당신은 어디에서 왔습니까?
아 븨 아뜨쿠다

↳ **Я из России.   Я русский.**
야 이즈 러시이.   야 루스끼.
저는 러시아에서 왔습니다. 저는 러시아인(남자) 입니다.

- **откуда**
  아뜨쿠다
  어디서
  장소를 가리키는 의문사
  영어의 where에 해당한다.

- **из**
  이즈
  ~에서, ~로부터

- **Кореи**
  까레이
  소유격 한국
  원형 Корея
  까레야

- **кореец**
  까레예츠
  한국인(남자)

- **России**
  러시이
  소유격 러시아
  원형 Россия
  러시야

- **русский**
  루스끼
  러시아인(남자)

Откуда вы?
어느나라에서 오셨나요?

Я из Кореи.
저는 한국에서 왔습니다.

1. 출신국에 대한 질문

Откуда 아뜨쿠다 는 **어디서**라는 뜻으로 **출신국을 물을 때** 사용될 수 있다.

 = where

장소를 가리키는 의문사 영어의 where에 해당해.

Откуда вы?
아뜨쿠다 브이
어느 나라에서 오셨어요?

Я из Кореи.
야 이즈 까레이
저는 한국에서 왔습니다.

2. 인칭 대명사

사람을 가리키는 **인칭대명사**는 1인칭, 2인칭, 3인칭이 있다.
3인칭은 남성, 여성, 중성으로 나뉜다.

	단 수			복 수	
1인칭	я	야	나	мы	믜	우리
2인칭	ты	띄	너	вы	븨	당신들
3인칭	он	온	그	они	아니	그들
	она	아나	그녀			
	оно	아노	그것			

3인칭복수는 남성, 여성, 중성을 구별하지 않고 오직 они 아니 한가지야.

기본회화 47

3. из 이즈 ~에서 / ~로부터

어디서라는 질문에 대한 답변에는 영어의 from 즉, ~**에서, 로부터**라는 뜻을 가진 **из** 이즈 + **출신국**으로 표현한다.

из 다음에 오는 단어는 소유격을 쓰며, Корея 까레야 한국의 경우 원형인 Корея가 Кореи 까레이로 변화해.

4. 주요국과 민족

특정국가의 민족을 말할 경우 남자와 여자 즉, 성에 따른 구분이 있다. 예를 들어 한국 남자는 **кореец** 까레예츠, 한국 여자는 **кореянка** 까레얀카 이다.

〈국가와 민족〉

국가		민족	남성	여성
한국	Корея 까레야	한국인	кореец 까레예츠	кореянка 까레얀까
러시아	Россия 러시야	러시아인	русский 루스끼	русская 루스까야
우즈베키스탄	Узбекистан 우즈베키스탄	우즈베키스탄인	узбек 우즈벡	узбечка 우즈베치카
카자흐스탄	Казахстан 카자흐스탄	카자흐스탄인	казах 카자흐	казашка 카자쉬카
우크라이나	Украина 우크라이나	우크라이나인	украинец 우크라이네츠	украинка 우크라인카

48 러시아첫걸음

Я русский.
야 루스끼
나는 러시아인(남자)이다.

Я русская.
야 루스까야
나는 러시아인(여자)이다.

Я кореец.
야 까례예츠
나는 한국인(남자)이다.

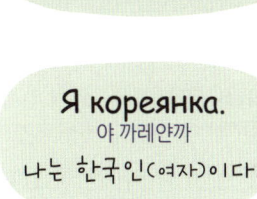

Я кореянка.
야 까례얀까
나는 한국인(여자)이다.

Я узбек.
야 우즈벡
나는 우즈베키스탄인(남자)이다.

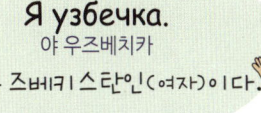

Я узбечка.
야 우즈베치카
나는 우즈베키스탄인(여자)이다.

Я казах.
야 카자흐
나는 카자흐스탄인(남자)이다.

Я казашка.
야 카자쉬카
나는 카자흐스탄인(여자)이다.

Я украинец.
야 우크라이네츠
나는 우크라이나인(남자)이다.

Я украинка.
야 우크라인카
나는 우크라이나인(여자)이다.

미국	США 스솨	미국인	американец 아메리카네츠(남)	американка 아메리칸까(여)
중국	Китай 키타이	중국인	китаец 키타에쯔(남)	китаянка 키타얀까(여)

까레이스키 **корейский**는 러시아 및 독립국가연합 내에 거주하는 고려인을 일컫는 용어야. 구 소련 당시 한국인을 얕잡아 부르던 비칭으로 번역하면 '한국 놈'이라는 뜻이기 때문에, 되도록이면 사용하지 않는 편이 좋아. 러시아어권에서 종종 까레이스키라는 단어를 들을 수 있기 때문에 알아둬야겠지!

기본회화 49

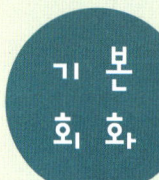 **기본회화**

5. 질문하기- 이름

- Как вас зовут?
  까끄 바스 자부트

  당신의 이름은 무엇입니까?

- Меня зовут Анна.
  미냐 자부트 안나

  제 이름은 안나입니다.

- Как его зовут?
  까끄 이보 자부트

  그의 이름은 무엇입니까?

- Его зовут Виктор.
  이보 자부트 빅토르

  그의 이름은 빅토르입니다.

- Как её зовут?
  까끄 예요 자부트

  그녀의 이름은 무엇입니까?

- Её зовут Юна.
  예요 자부트 윤아

  그녀의 이름은 윤아입니다.

 인칭대명사의 소유격(생격) p51을 참고해.

- **как**
  까끄
  어떻게

- **вас**
  바스
  소유격 당신의
  원형 вы
  븨
  당신

- **зовут**
  자부트
  ~라고 부르다
  3인칭 복수형
  원형 звать
  즈바찌

- **меня**
  미냐
  소유격 나의
  원형 я
  야
  나

- **его**
  이보
  소유격 그의
  원형 он
  온
  그

- **её**
  예요
  소유격 그녀의
  원형 она
  아나
  그녀

1. 이름에 대한 질문

이름을 물어볼 때는 **인칭대명사의 소유격**이 쓰인다. 소유격은 주로 어떤 대상의 소유나 소속 관계를 나타낼 때 쓰인다.

주격 → 생격 (소유격)

이름을 물어볼 때는 주격이 아닌 소유격을 쓰는 것에 주의하자.

2. 인칭 대명사의 격

러시아어의 격은 인칭 대명사의 **주격, 소유격, 여격, 목적격, 조격, 전치격의 6격**이 있고, 이 격에 따른 변화형을 갖는다. P 196 격변화 참조

| 문 | 법 | 알 | 아 | 두 | 기 |

인칭대명사에는 인칭에 따라 6격이 있으며, 여기서는 주격과 소유격에 대해 알아보자. **주격**은 ~은(는) / ~이(가) 로 **소유격**은 ~의 로 해석된다.

	단 수			복 수		
	1인칭	2인칭	3인칭	1인칭	2인칭	3인칭
주격	야 Я 나	띠 Ты 너	온 아노 Он, оно 그 아나 Она 그녀	믜 Мы 우리	븨 Вы 당신	아니 Они 그들
소유격 (생격)	미냐 меня 나의	쩨뱌 тебя 너의	이보 / 예요 его/её 그의 / 그녀의	나스 нас 우리의	바스 вас 당신의	이흐 их 그들의

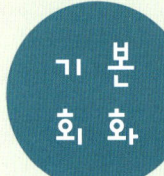

6. 질문하기 - 직업

◂ **Анна, вы работаете или учитесь?**
안나, 븨 라보따에쩨 일리 우치쩨시

안나, 당신은 직장인입니까(일을 하십니까)
아니면 학생입니까(배우는 중입니까)?

↳ **Я работаю.**
야 라보따유

저는 직장인입니다(일을 합니다).

◂ **А где?**
아 그제

어디서 (근무하시나요)?

↳ **В поликлинике.**
브 빨리클리니케

병원에서요.

◂ **Какая ваша профессия?**
까까야 바샤 프로페시야

당신의 직업은 무엇입니까?

↳ **Я работаю врачом.**
야 라보따유 브라촘

저는 의사입니다.

- **работаете**
  라보따에쩨
  работаю
  라보따유
  일하다
  원형 **работать**
  라보따찌

- **учитесь**
  우치쩨시
  공부하다
  원형 **учиться**
  우칫쨔

- **где**
  그제
  어디에서

- **поликлинике**
  빨리클리니케
  전치격
  원형 **поликлиника**
  빨리클리니카
  여성명사 병원

- **какая**
  까까야
  원형 **как** 까끄
  어떤, 무슨

- **профессия**
  쁘라페시야
  여성명사 직업

- **врачом**
  브라촘
  조격
  원형 **врач**
  브라치
  남성명사 의사

1. 사람에 대한 질문

직업과 관련한 질문에는 다양한 표현이 있다. 가장 대표적으로는 근무지, 즉 직장을 묻는 표현이다.

Где вы работаете?
그제 븨 라보따에쩨

당신은 어디서 근무합니까? 와

직접적으로 직업을 묻기도 한다.

Кем вы работаете?
켐 븨 라보따에쩨

당신의 직업은 무엇입니까?

= Какая ваша профессия?
까까야 바샤 프라페시야

● 다양한 직업

교수 **профессор** 프라페써르		학생 **студент** 스투젠트	
남자 선생님 **учитель** 우치쩰		여자 선생님 **учительница** 우치쩰니짜	
의사 **врач** 브라치		간호사 **медсестра** 메드씨스트라	
비지니스맨 **бизнесмен** 비즈니스멘		기술자 **инженер** 인쥐네르	

Кем вы работаете?
켐 븨 라보따에쩨
당신의 직업은 무엇입니까?

Я работаю учительницей.
야 라보따유 우치쩰니쩨이
저는 선생님입니다.

● **студент**ка 스투젠트카 여대생

 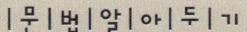

| 문 | 법 | 알 | 아 | 두 | 기 |

전치사는 각기 특정한 격과 함께 사용된다. 어떤 경우에는 동일한 전치사가 다른 의미로 쓰이거나 서로 다른 격을 사용한다.

● 장소의 표현 в 브, на 나

전치사 в와 на는 전치격과 함께 쓰일 경우 행위나 사건이 일어난 장소를 표현한다.

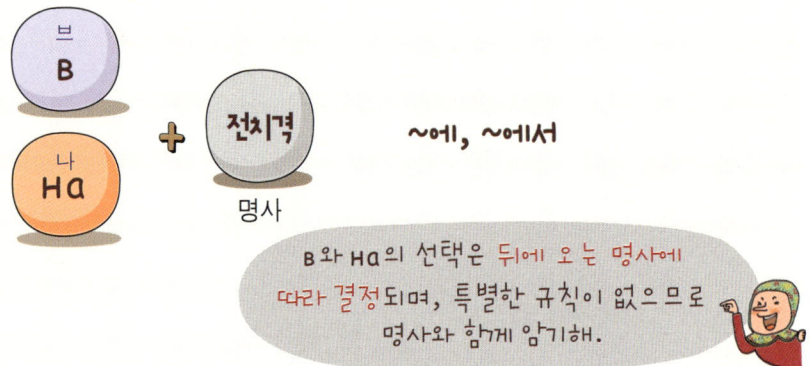

뜻	원형	전치격
❶ 모스크바에	Москва	в Москве
❷ 대학에서	университет	в университете
❸ 병원에	поликлиника	в поликлинике
❹ 음악회에	концерт	на концерте

대부분 모음으로 끝나면 모음이 변하고 자음으로 끝나면 -e를 붙여.

◢ Мы живём ❶в Москве.
미 쥐뵴 브 모스크베

우리는 모스크바에(서) 산다.

◢ Я учусь ❷в университете.
야 우추스 브 우니베르시쩨쩨

나는 대학에서 공부한다.

◢ Я работаю ❸в поликлинике.
야 라보타유 브 빨리클리니케

나는 병원에서 일한다.

◢ Вчера мы были ❹на концерте.
프체라 믜 빌리 나 칸쩨르쩨

어제 우리는 음악회에 갔었다.

〈모스크바〉

〈대학교〉

〈음악회〉

7. 질문하기 - 나이

▸ **Сколько вам лет?**
스꼴까 밤 렛
당신은 몇 살입니까?

↳ **Мне 30 лет.**
므녜 뜨리쩌찌 렛
저는 30살입니다.

▸ **А вам сколько лет?**
아 밤 스꼴까 렛
그럼, 당신은 몇 살입니까?

↳ **Мне 26 лет.**
므녜 드바쩌찌 쉐스찌 렛
저는 26살입니다.

- **сколько**
  스꼴까
  얼마나

- **вам**
  밤
  여격 당신에게
  원형 **вы**
  븨
  당신

- **лет**
  렛
  ~년, 살(연령)

- **мне**
  므녜
  여격 나에게
  원형 **я**
  야
  나

여격 변화표 57P 를 참고해.

56 러시아첫걸음

1. 나이의 표현

나이의 표현에서 의미상 주어는 여격이 된다. 여격은 행위를 받는 대상을 가리키는 격으로서 ~**에게**라는 의미를 나타낸다. 영어의 (간접) 목적어에 해당한다.

★ 인칭 대명사의 여격

|문|법|알|아|두|기|

	단 수			복 수		
	1인칭	2인칭	3인칭	1인칭	2인칭	3인칭
주격	야 я	띄 ты	온 아노 아나 он, оно/она	믜 мы	비 вы	아니 они
여격	므녜 мне 나에게	쩨볘 тебе 너에게	예무 예이 ему/ей 그에게 그녀에게	남 нам 우리에게	밤 вам 당신에게	임 им 그들에게

2. 나이, 숫자 1~20

TRACK 10

나이	단 어	
1 살	год	고드
2~4 살	года	고다
5~20살	лет	렛

1	один 아진	2	два 드바	3	три 뜨리	4	четыре 치뜨리	5	пять 빠찌
6	шесть 쉐스찌	7	семь 쎔	8	восемь 뵤쎔	9	девять 제뱌찌	10	десять 제샤찌

11	одиннадцать 아진나짜찌	12	двенадцать 드빈나짜찌	13	тринадцать 뜨리나짜찌
14	четырнадцать 치뜨리나짜찌	15	пятнадцать 삐뜨나짜찌	16	шестнадцать 쉐슷나짜찌
17	семнадцать 쎔나짜찌	18	восемнадцать 뵤쎔나짜찌		
19	девятнадцать 제빗나짜찌	20	двадцать 드밧짜찌		

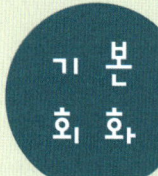

8. 질문하기 - 가격

▸ **Сколько стоит билет?**
스꼴까 스또이트 빌레트
표 한장에 얼마인가요?

↳ **Билет стоит 40 рублей.**
빌레트 스또이트 쏘러크 루블레이
표는 40루블 입니다.

▸ **Скажите, пожалуйста, сколько стоит этот журнал?**
스카쥐쩨, 빠좔루이스따, 스꼴까 스또이트 에또트 주르날
실례지만, 이 잡지는 얼마인가요?

↳ **10 тысяч вон.**
제샤찌 띄샤치 본
1만원 입니다.

- **сколько**
  스꼴까
  얼마나

- **стоит**
  스또이트
  가격이 ~나가다
  원형 стоить
  스또이찌

- **билет**
  빌레트
  표

- **рублей**
  루블레이
  원형 рубль
  루블
  남성 명사 루블 화폐단위

- **скажите**
  스카쥐쩨
  말해주세요
  원형 сказать
  스카자찌
  말하다

- **пожалуйста**
  빠좔루이스따
  제발, 어서
  (부탁하는 의미)

- **журнал**
  주르날
  남성 명사 잡지

- **вон**
  본
  원 우리나라의 화폐단위

Сколько это стоит?
스꼴까 에떠 스또이트
이것은 얼마입니까?

Это стоит 1,000 рублей.
에떠 스또이트 뜨이샤치 루블레이
이것은 1,000루블입니다.

58 러시아첫걸음

1. 가격의 표현

가격을 물을 때는
CKOЛЬKO 스꼴까 + 물건 + СТОИТ 스또이트 라는 표현을 사용한다.

2. 년(해), 숫자 30~1,000

여기서는 30이상의 수를 알아보자.

	30, 40 ... 100, 1000	
30	тридцать	뜨리짜찌
40	сорок	쏘러크
50	пятьдесят	삐찌지샤뜨
60	шестьдесят	쉐스찌지샤뜨
70	семьдесят	씸지샤뜨
80	восемьдесят	뷔씸지샤뜨
90	девяносто	제빗노스따
100	сто	스또
1,000	тысяча	뜨이시챠

끝 숫자	년(해)	격
1	год 고드	주격
2~4	года 고다	단수생격
5이상	лет 렛	복수생격

5이상이므로 복수 생격을 사용!

▲ 201**6** + лет 렛
드베뜨이샤치 쉐슷나짜찌

▲ 2020 + лет 렛
드베뜨이샤치 드밧짜지

20 이상일 경우 즉 21은 20+1로 인식되며, 끝 숫자가 1이기 때문에 주격을 사용해.

기본회화 **59**

9. 질문하기 - 소유

▶ **У кого есть фотоаппарат?**
우 까보 에스찌 포또아빠라트
누가 사진기를 가지고 있나요?

↳ **У меня.**
우 미냐
제가 가지고 있어요.

▶ **Дайте пожалуйста, ручку.**
다이쩨 빠좔루이스타, 루치쿠
볼펜 좀 주세요.

↳ **У меня нет ручки.**
우 미냐 녯 루치키
저는 볼펜을 가지고 있지 않아요.

- **у** + 소유격
  우
  ~에게,
  소속이나 소유
  가지고 있다

- **кого**
  까보
  소유격
  원형 **кто**
  크또
  누구

- **есть**
  에스찌
  있다, 존재하다

- **фотоаппарат**
  포또아빠라트
  남성명사 사진기

- **дайте**
  다이쩨
  주십시오
  원형 **дать**
  다찌
  주다

- **ручку**
  루치꾸
  ручки
  루치끼
  원형 **ручка**
  루치까
  여성명사 볼펜

- **нет**
  녯
  ~이 없다, 존재하지 않다

у는 전치사로 ~에게는이라는 의미이며, 인칭대명사의 소유격과 결합해 소유의 의미를 갖는다.

우
у + **소유격** ~에게는 (~이 있다)
전치사   인칭대명사

	단 수			복 수		
	1인칭	2인칭	3인칭	1인칭	2인칭	3인칭
주격	야 я	띄 ты	온 아노 아나 он, оно/она	믜 мы	븨 вы	아니 они
у+소유격	우 미냐 у меня	우 쩨뱌 у тебя	우 녜보 녜요 у него/у неё	우 나스 у нас	우 바스 у вас	우 니흐 у них

3인칭 대명사 его, её, их의 경우, 전치사와 함께 쓰이면 자음 н이 앞에 붙어.

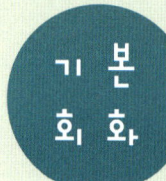 기본회화

10. 권유하기

 TRACK 13

▸ **Давай** пойдём в кино.
다바이 빠이죰 브 키노
영화보러 가자.

▸ Я хочу посмотреть новый фильм, но нет билета.
야 하추 빠스마뜨레찌 노브이 필름, 노 녯 빌례따
새로운 영화를 보고 싶은데, 표가 없네.

- **пойдём**
  빠이죰
  가다, 움직이다
  원형 **пойти**
  빠이찌
  의 1인칭 복수형

- **кино**
  키노
  중성명사 영화, 영화관

- **хочу**
  하추
  원형 хотеть
  하쩨찌
  원하다

- **посмотреть**
  빠스마뜨레찌
  (의식하고) 보다

- **новый**
  노브이
  새로운

- **фильм**
  필름
  남성명사 영화

- **но**
  노
  하지만

1. 권유　Давай(те)　~하자, ~합시다

давай 다바이 의 원형은 **давать** 다바찌 이며, 명령형의 특수용법으로 권유나 제안을 나타내는 표현이다.

2. 방향 전치사　в/на + 대격　~로, 에

전치사 **в**와 **на**가 대격 명사와 함께 쓰이는 경우, 행위나 운동의 방향을 나타낸다.

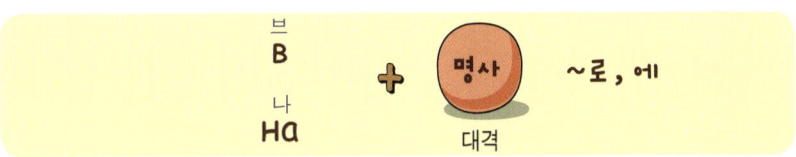

기본회화　**63**

• 연결	и	이	그리고
	тоже	또줴	또한
• 대립	но	노	하지만
	однако	아드나까	그래도, 그럼에도 불구하고
	а	아	반대는 아니지만 대립되는 개념
• 이접	или	일리	또는
• 원인	потому что	빠따무 쉬따	왜냐하면
• 결과	поэтому	빠에따무	그래서
• 가정	если	예슬리	만약

본문

본문 1

Здравствуйте.

안녕하세요.

1 안녕하세요.
Здравствуйте.

본문 1

Здравствуйте, рада встрече с вами.
즈드라스뜨부이쩨, 라다 브스트레체 스 바미

안녕하세요, (당신을) 만나서 반갑습니다.

Меня зовут Анна Юрьевна.
미냐 자부트 안나 유리예브나

제 이름은 안나 유리예브나 입니다.

Как вас зовут?
까끄 바스 자부트

당신의 이름은 무엇입니까?

Здравствуйте, меня зовут Ким Хён Мин.
즈드라스뜨부이쩨, 미냐 자부트 김현민

안녕하세요, 제 이름은 김현민 입니다.

Рад знакомству с вами.
라드 즈나꼼스트부 스 바미

(당신을) 만나 뵙게 되서 반갑습니다.

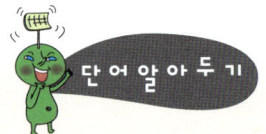

• Здравствуйте	즈드라스뜨부이쩨	동사	안녕하세요	• с	스	전치사	~와 함께
• рада 원형 рад	라다 라드	형용사	기쁜, 반가운	• вами 원형 вы	바미 븨	조격 인칭대명사	당신과 당신
• встрече 원형 встреча	브스트레체 브스트레차	여성명사	만남	• меня 원형 я	미냐 야	소유격 인칭대명사	나의 나
• знакомству 원형 знакомство	즈나꼼스트부 즈나꼼스트바	중성명사	만남, 교제	• зовут 원형 звать	자부트 즈바찌	3인칭 복수형	~로 부르다. 칭하다

68 러시아첫걸음

인사 표현

본문 2

Привет, Юна! Как твои дела?
쁘리베트, 윤아! 까끄 트바이 젤라
안녕, 윤아! 어떻게 지내니?

Хорошо, а у тебя?
하라쇼, 아 우 쩨뱌
난 잘 지내. 넌 어떻게 지내니?

У меня тоже хорошо, спасибо.
우 미냐 또줴 하라쇼, 스빠씨바
나도 잘 지내지 뭐, 고마워.

• привет	쁘리베트	남성명사	안녕
• как	까끄	부사	어떻게
• твои	트바이	소유대명사	너의
тебя	쩨뱌	소유격	너의
원형 ты	띄		너
• дела	젤라	중성명사	일, 사정
원형 дело	젤라		
• хорошо	하라쇼	부사	좋다, 알았다
• у	우	전치사	(소유 관계의 표현) ~의, ~에게
• тоже	또줴	부사	또한
• спасибо	스빠시바		고맙습니다, 감사합니다

1. Здравствуйте. 69

회화에 꼭 필요한 초간단 문법 설명

명사의 성과 수

러시아어의 명사는 남성·여성·중성에 의한 성의 구분이 있다. 이 구분은 자연적인 분류가 아닌 문법적으로 단어가 끝나는 마지막 글자인 어미에 의해 결정된다.

	남 성	여 성	중 성
단 수	-자음, -й, -ь 예외	-a, -я, -ь	-o, -e, -мя
복 수	-ы, -и		-а, -я

70 러시아첫걸음

남성명사

- вече**р** 베체르   저녁
- журна**л** 주르날 잡지
- ден**ь** 젠   점심

ь로 끝나면 여성명사이나
день은 예외로 남성명사이다.

여성명사

- книг**а** 끄니가   책
- ручк**а** 루치카   펜
- професси**я** 프라페시야 직업

중성명사

- кин**о** 키노   영화, 영화관
- утр**о** 우뜨라 아침

복수명사

- студент**ы** 스뚜젠트이 학생들   남성명사 студент 스뚜젠트
- книг**и** 끄니기 책들   여성명사 книга 끄니가
- окн**а** 오크나 창문들   중성명사 окно 오크노

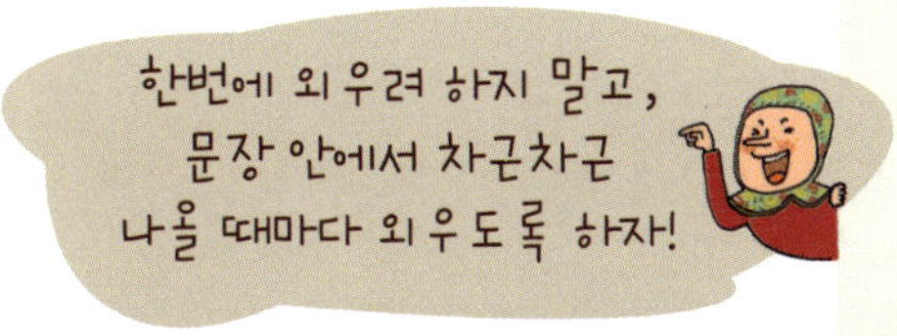

> 한번에 외우려 하지 말고, 문장 안에서 차근차근 나올 때마다 외우도록 하자!

1.Здравствуйте.

회화에 꼭 필요한 **초간단** 문법 설명

인칭대명사의 소유격

러시아어에는 인칭에 따라 각각의 격이 있다. 격은 주격, 소유격, 여격, 목적격, 조격, 전치격의 6격이 있고, 격에 따른 변화형이 있다. 이들 격은 각기 그 형태와 기능이 다른데, 이름을 물어볼 경우에는 인칭대명사 소유격이 쓰인다.

이름을 물어볼 때

까끄	바스	자부트
Как	вас	зовут ?
무엇	소유격	(이름이) ~라고 불리다

소유격은 주로 어떤 대상의 소유나 소속 관계를 나타낼 때 쓰여.

〈인칭대명사의 소유격〉

	단 수			복 수		
	1인칭	2인칭	3인칭	1인칭	2인칭	3인칭
주격	я 야 나	ты 띄 너	он, оно 온 아노 그 그것 она 아나 그녀	мы 믜 우리	вы 븨 당신	они 아니 그들
소유격	меня 미냐 나의	тебя 쩨뱌 너의	его/её 이보 / 예요 그의/그녀의	нас 나스 우리의	вас 바스 당신의	их 이흐 그들의

72 러시아첫걸음

이름을 물어볼 때

▲ **Как (вас) зовут?**
까끄 (바스) 자부트
당신의 이름은 무엇입니까?

▲ **Как (его) зовут?**
까끄 (이보) 자부트
그의 이름은 무엇입니까?

이름을 답할 때

↳ **(Меня) Зовут Анна.**
(미냐) 자부트 안나
제 이름은 안나입니다.

↳ **(Его) Зовут Виктор.**
(이보) 자부트 빅토르
그의 이름은 빅토르입니다.

1.Здравствуйте. 73

여러가지 인사표현

1 만날 때 인사하기

존칭 또는 **일반적인 사이**일 때는

 Здравствуйте!
즈드라스뜨부이쩨   안녕하세요!

격의 없는 사이일 때는

 Привет!
쁘리베트   안녕! **만날 때**

> **Здравствуйте!**
> 즈드라스뜨부이쩨

2 헤어질 때 인사하기

존칭 또는 **일반적인 사이**일 때는

 До свидания!
다 스비다니야   안녕히 계세요!

 До встречи!
다 브스트레치   **다시 만날때까지** 안녕히 계세요!

> **Пока!**
> 빠까

격의 없는 사이일 때는

 Пока!
빠까   안녕! **헤어질 때**

3 시간대별 인사하기

영어와 비슷하게 아침, 점심, 저녁에 따라 인사말이 달라져~

▲ **Доброе утро!**
도브로예 우뜨라

아침에는 좋은 아침이예요!

▲ **Добрый день!**
도브르이 젠

오후에는 좋은 오후예요!

▲ **Добрый вечер!**
도브르이 베체르

저녁에는 좋은 저녁이예요!

• **Доброе** 도브로예 좋은 원형 **Добрый** 도브르이

4 안부 묻기

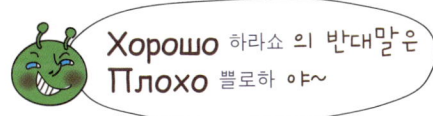

안부를 물을 때는

▲ **Как (ваши) дела?** 어떻게 지내십니까?
  까끄 (바쉬) 젤라

안부에 대한 답은

 Хорошо.   하라쇼   좋습니다.
Ничего.   니치보   별일 없습니다.
Нормально. 나르말나 그럭저럭 잘 지냅니다.
Плохо.   쁠로하   나쁩니다. (별로야.)

1.Здравствуйте. 75

바꿔쓰는 표현

01

◀ Здравствуйте, как вас зовут?
즈드라스뜨부이쩨, 까끄 바스 자부트
его
이보
её
예요

▶ 안녕하세요, 당신의 이름은 무엇입니까?
그의
그녀의

↳ Меня зовут Хёнмин.
미냐 자부트 현민
Его Виктор.
이보 빅토르
Её Юна.
예요 윤아

▶ 제 이름은 현민입니다.
▶ 그의 빅토르입니다.
▶ 그녀의 윤아입니다.

76 러시아첫걸음

02

Привет, как ваши дела?
쁘리베트, 까끄 바쉬 젤라

▶ 안녕, 어떻게 지내니?

Хорошо.
하라쇼

Плохо.
쁠로하

Нормально.
나르말나

▶ 잘지내.
▶ 별로야.
▶ 그럭저럭 지내.

러시아
국가정보

국가명	러시아 연방 Russian Federation
수도	모스크바
인구	약 1억 4,290만
면적	약 1,708㎢ (한반도의 78배)
언어	러시아어
종교	러시아정교

러시아의 정식 명칭은 러시아 연방 Russian Federation 이며 공화국 21개, 주 49개, 변경 지역 6개, 자치주 1개, 자치구 10개, 수도인 모스크바와 상트페테르부르크의 특별시 2개 등 총 89개의 연방 주체로 구성되어 있다.

러시아 인구는 약 1억 4,290만 명인데, 전체 인구의 약 80%를 러시아인이 차지하고 있고 나머지는 약 160여개 민족으로 구성되어 있다.

본문 **2**

Кем вы работаете?
당신의 직업은 무엇입니까?

2 당신의 직업은 무엇입니까?
Кем вы работаете?

본문 1

Кем вы работаете?
켐 브 라보따에쩨
당신의 직업은 무엇입니까?

Я работаю врачом.
А вы кем работаете?
야 라보따유 브라촘. 아 브 켐 라보따에쩨
저는 의사입니다. 당신의 직업은 무엇입니까?

Я работаю учительницей.
야 라보따유 우치쩰니쩨이
저는 선생님입니다.

 Кем вы работаете? 직업은 무엇입니까?

 Я работаю врачом. 의사입니다.

단어 알아두기

- **кем** 켐 조격 누구로써
  원형 **кто** 크또 의문대명사 누구
- **профессия** 프라페시야 명사 직업
- **врачом** 브라촘 명사 의사로써
  원형 **врач** 브라치 의사
- **учитель** 우치쩰 명사 남자 선생님
  учительницей 우치쩰니쩨이
  원형 **учительница** 우치쩰니짜 명사 여자 선생님

- **работаете** 라보따에쩨 동사 일하다
  работаю 라보따유
  работаешь 라보따에쉬
  원형 **работать** 라보따찌
- **учишься** 우치쉬샤 동사 배우다, 공부하다
  원형 **учиться** 우칱짜
- **в** 브 전치사 ~에서

▶ **Юна, ты работаешь или учишься?**
윤아, 띄 라보따에쉬 일리 우치쉬샤

윤아, 너는 직장인이니?(일을 하니?) 아니면 학생이니?(배우는 중이니?)

Я работаю в банке. А ты?
야 라보따유 브 방케. 아 띄

나는 직장인이고 은행에서 일해. 너는?

▶ **Я тоже работаю.**
야 또줴 라보따유

Я работаю на заводе бухгалтером.
야 라보따유 나 자보제 부흐갈쩨롬

나도 직장인이야. 공장에서 회계사로 일하고 있어.

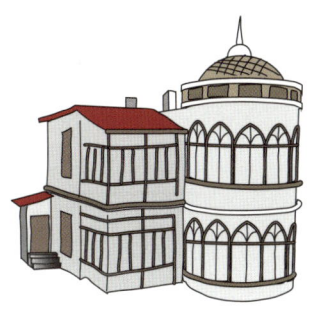

- **на**   나   전치사~에서
- **банке**   방케   명사 은행
  원형 **банк**   방크
- **тоже**   또줴   부사 또한
- **заводе**   자보제   명사 공장
  원형 **завод**   자보드
- **бухгалтером** 부흐갈쩨롬   명사 회계사
  원형 **бухгалтер** 부흐갈쩨르

회화에 꼭 필요한 초간단 문법 설명

의문대명사 кто, что 의 조격

조격은 동반, 수단, 자격 등을 나타낼 때 쓰이며, 직업을 물을 때 사용된다.

주격		조격	
кто	크또 누구	кем	켐 누구로
что	쉬또 무엇	чем	쳄 무엇으로

직업 묻고 답하기

◀ **Кем вы работаете?**
켐 븨 라보따에쩨
당신의 직업은 무엇입니까?

질문에는

↳ **Я работаю врачом.**
야 라보따유 브라춈
저는 의사입니다.

82 러시아첫걸음

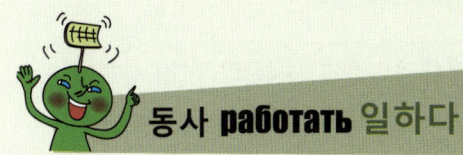

동사 работать 일하다

러시아어의 동사는 인칭과 수에 따라 어미가 변화하는데, 크게 제1변화형과 제2변화형으로 나뉜다. 규칙적으로 어미가 변하므로 잘 외워두자. 제1변화형은 어간이 모음으로 끝난다.

> 저자에 따라 제1변화형, 제2변화형 동사를 1식동사, 2식동사 라고도 해.

	단 수		복 수	
1인칭	я	-у/-ю	мы	-ем, -им
2인칭	ты	-ешь, -ишь	вы	-ете, -ите
3인칭	он(она)	-ет, -ит	они	-ут/-ют, -ат/-ят

〈현재 시제의 어미 변화〉

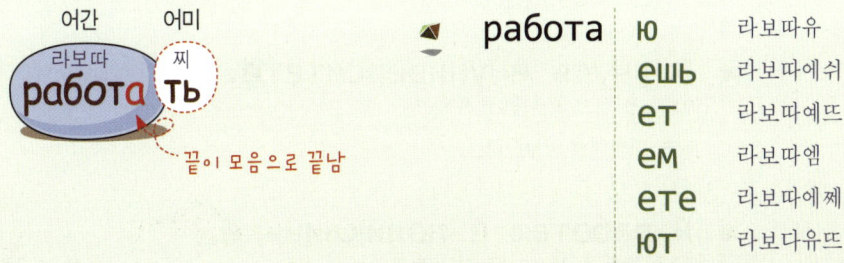

> 이와 같이 변화하는 제1변화형 동사로는 делать 젤라찌 하다, читать 치따찌 읽다 등이 있어.

  회화에 꼭 필요한 **초간단 문법 설명**

행위나 사건이 일어난 장소 전치사 в, на + 전치격

p54~55 에서 학습한 바와 같이 전치사는 각각 특정한 격과 함께 사용된다. 어떤 경우에는 동일한 전치사가 다른 의미로 쓰이거나 서로 다른 격과 함께 쓰인다.

● **장소의 표현** в, на + 전치격

전치사 **в**와 **на**는 전치격과 함께 쓰일 경우 행위나 사건이 일어난 장소를 표현한다. **в**와 **на**의 선택은 뒤에 오는 명사에 따라 결정되며, 특별한 규칙이 없으므로 나올 때마다 암기하여야 한다.

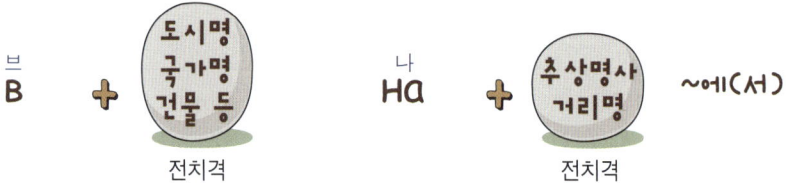

▸ **Мы живём в Москве.**
 믜 쥐뵴 브 모스크베
 우리는 모스크바에(서) 산다.

▸ **Я учусь в университете.**
 야 우추스 브 우니베르시쩨쩨
 나는 대학에서 공부한다.

▸ **Я работаю в поликлинике.**
 야 라보따유 브 발리클리니케
 나는 병원에서 일한다.

▸ **Вчера мы были на концерте.**
 프체라 믜 빌리 나 칸쩨르쩨
 어제 우리는 음악회에 갔었다.

p63 대격과 비교해서 잘 알아두자~

84 러시아첫걸음

 여러가지 직업표현

1 직업에 대한 질문

직업과 관련한 질문에는 다양한 표현이 있다. 가장 대표적으로는 근무지를 묻는 표현과 직접적으로 직업을 묻는 표현이 있다.

 Где вы работаете?
그제 브 라보따에쩨

당신은 어디서 근무하십니까?
• **Где** 그제   어디

 Кем вы работаете?
켐 브 라보따에쩨

당신의 직업은 무엇입니까?

 Какая ваша профессия?
까까야 바샤 프라페시야

당신의 직업은 무엇입니까?

2 다양한 직업 표현

1 студент
스뚜젠트
대학생

3 учитель
우치쩰
남자 선생님

5 бизнесмен
비즈니스멘
비지니스맨

7 врач
브라치
의사

2 профессор
프라페써르
교수

4 учительница
우치쩰니짜
여자 선생님

6 инженер
인쥐네르
기술자

8 бухгалтер
부흐갈쩨르
회계사

여대생은 **студентка** 스뚜젠트까야.

01

- Кем Антон работает?
  켐 안톤 라보따예트
  Анна
  안나
  Хёнмин
  현민

▶ 안톤 씨의 직업은 무엇입니까?
▶ 안나
▶ 현민

↳ Антон работает учителем.
  안톤 라보따예트 우치쩰렘
  Анна учительницей.
  안나 우치쩰니쩨이
  Хёнмин врачом.
  현민 브라촘

직업 표현은 **работать** + 명사조격으로 표현해.
명사의 조격 변화형은 P197을 참고하도록 해.

▶ 안톤씨는 선생님(남자)입니다.
▶ 안나씨는 선생님(여자)입니다.
▶ 현민씨는 의사입니다.

86 러시아첫걸음

02

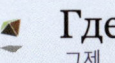

Где	вы	работаете?
그제	브	라보따예쩨
	ты	работаешь?
	띄	라보따예쉬
	Хёнмин	работает?
	현민	라보따예트

▶ 당신은 | 어디서 | 근무합니까?
▶ 너는 | | 근무하니?
▶ 현민씨는 | | 근무합니까?

Я	работаю	в банке.
야	라보따유	브 방케
		в университете.
		브 우니베르시쩨쩨
Хёнмин	работает	в поликлинике.
현민	라보따예트	브 빨리클리니케

직업 표현은 **работать** + в + 명사전치격으로 표현해.

▶ 저는 | 은행에서 | 근무합니다.
| | 대학교에서 |
▶ 현민씨는 | 병원에서 |

러시아의 상징

> 역시 여행은 좋은 것이야~ 러시아를 상징하는 것에는 어떤 것들이 있을까?

> 러시아를 연상했을 때 가장 먼저 떠오르는 것은 붉은색이야.

> 뭔가 야한것 같은데 왜 그런 거지?

> 과거 사회주의 시절 혁명을 상징하는 붉은색은 오늘날에도 러시아인들이 가장 좋아하는 색상 중 하나야.

★ 붉은광장

러시아 수도 모스크바 심장에 위치한 광장이다. 붉은광장의 **붉은**은 사실 고대 러시아어로 **아름답다**라는 의미에서 유래됐으며, 원뜻은 **아름다운 광장**이다. 붉은광장을 따라 대통령 관저, 레닌 묘, 국영백화점 GUM, 성바실리 성당 등과 같은 명소들이 위치해 있다.

★ 크렘린

모스크바 중심을 흐르는 모스크바 강가에 위치한 옛 러시아 제국 시절의 궁전이다. 2.25km의 성벽과 스무 개의 성문을 갖추고 있으며 내부에는 여러 시대 양식의 궁전과 성당이 자리 잡고 있다. 오늘날에도 러시아 연방의 대통령 관저와 정부 기관이 이곳에 있다.

★ 성바실리 성당

모스크바의 붉은 광장에 있는 러시아 정교회 성당이다. 모스크바 대공국의 황제였던 이반 4세가 러시아에서 카잔 왕국을 몰아낸 것을 기념하며 봉헌한 성당이다. 러시아 양식과 비잔틴 양식이 혼합돼 있는데, 47미터 되는 팔각형의 첨탑을 중앙으로 주변에 8개의 양파 모양의 지붕들이 배열돼 있으며 예배당을 형성하는 4개의 다각탑과 그 사이 4개의 원형탑이 솟아 총 9개의 탑이 있다.

본문
3

Какое у вас хобби?

너는 취미가 뭐니?

너는 취미가 뭐니?

Какое у вас хобби?

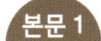

Что вы обычно делаете в свободное время?
쉬또 븨 아브치나 젤라에쩨 브 스바보드노에 브레먀

당신은 주로 여가 시간에 무엇을 하십니까?

Я люблю одна гулять или слушать музыку.
야 류블류 아드나 굴랴찌 일리 슬루샤찌 무지쿠

저는 혼자 산책하거나 음악 듣는것을 좋아합니다.

Какую музыку вы любите слушать?
까꾸유 무지쿠 븨 류비쩨 슬루샤찌

어떤 장르의 음악을 좋아하시나요?

Я обычно слушаю корейскую музыку.
야 아브치나 슬루샤유 까레이스쿠유 무지쿠

저는 주로 한국 대중음악을 듣습니다.

• что	쉬또	대명사	무엇	• люблю любите 원형 любить	류블류 류비쩨 류비찌	동사	좋아하다
• обычно	아브치나	부사	주로, 대게				
• делаете 원형 делать	젤라에쩨 젤라찌	동사	~을 하다	• одна	아드나	부사	혼자
• в	브	전치사	~에 (정확한 시간의 표현 전치사)	• гулять	굴랴찌	동사	산책하다
				• слушать	슬루샤찌	동사	듣다, 감상하다
• свободное время 스바보드노에 브레먀		숙어	여가 시간	• музыку 원형 музыка	무지꾸 무지까	여성명사	음악

취미와 여가시간

본문 2

 Юна, какое у тебя хобби?
윤아, 까꼬에 우 쩨뱌 호비
윤아, 너는 취미가 뭐니?

 Я люблю читать книги и смотреть кино. А ты?
야 류블류 치따찌 끄니기 이 스마뜨레찌 키노. 아 띄
나는 독서와 영화감상을 좋아해. 너는?

 Я люблю спорт.
야 류블류 스뽀르트
Каждое воскресенье я играю в футбол с друзьями.
까쥐도에 바스크레센에 야 이그라유 브 풋볼 스 드루지야미
나는 운동을 좋아해. 매주 일요일에는 친구들과 축구를 해.

• какую	까꾸유	대명사 어떤, 무슨, 어떠한	• кино	키노	중성명사	영화
какое	까꼬에		• спорт	스뽀르트	남성명사	운동
• хобби	호비	명사 취미	• каждое	까쥐도에	형용사	저마다의, 각각의
• у	우	소유격 전치사 ~에게는	• воскресенье	바스크레센에	명사	일요일
• читать	치따찌	동사 읽다	• играть	이그라찌	동사	경기하다
• книгу	끄니구	명사 책	• футбол	풋볼	남성명사	축구
원형 книга	끄니가		• друзья	드루지야	복수명사	친구들
• смотреть	스마뜨레찌	동사 보다, 감상하다				

3.Какое у вас хобби? 91

회화에 꼭 필요한 초간단 문법 설명

형용사의 성과 수

형용사도 성에 따라 고유한 어미 형태를 가지고 있으나, 수식되는 명사와 일치되어야 하며 고유의 어미를 가진다.

	남성	여성	중성
단수	-ый, -ий, -ой	-ая, -яя	-ое, -ее
복수	-ые, -ие		

복수는 성에 상관없이 모두 -ые, -ие으로 변화해!

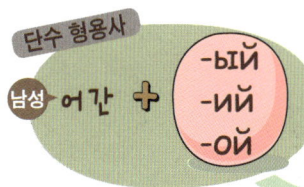 

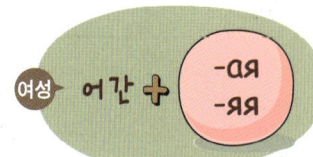  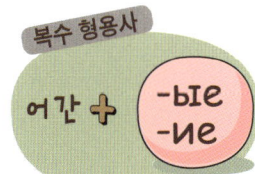 

재미있는			작은		
• интересн	ый	인체레스느이	• маленьк	ий	말린끼
	ая	인체레스나야		ая	말린까야
	ое	인체레스노예		ое	말린꼬예
	ые	인체레스느이예		ие	말린끼예

젊은		
• молод	ой	말라도이
	ая	말라다야
	ое	말라도예
	ые	말라드이예

수식되는 명사의 규칙을 찾아보면 생각보다 쉽네~

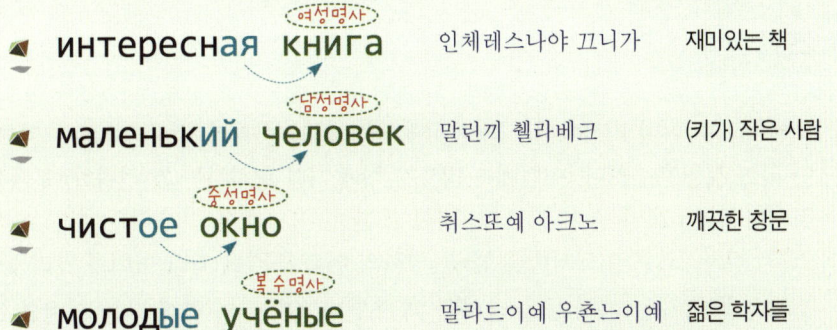

◂ интересная книга (여성명사)   인체레스나야 끄니가   재미있는 책

◂ маленький человек (남성명사)   말린끼 췔라베크   (키가) 작은 사람

◂ чистое окно (중성명사)   취스또예 아크노   깨끗한 창문

◂ молодые учёные (복수명사)   말라드이예 우촌느이예   젊은 학자들

3.Какое у вас хобби?

 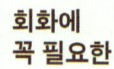  회화에 꼭 필요한 **초간단** 문법 설명

의문대명사 какой

какой는 영어의 which에 해당하며, 함께 쓰이는 명사의 성과 수에 따라 변화해.

사람이나 사물의 특성을 물을 때에는 **какой** 까꼬이 **어떠한** 을 사용한다.

	남성	여성	중성
단수	какой 까꼬이	какая 까까야	какое 까꼬예
복수		какие 까끼예	

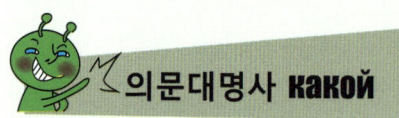

🔹 Какая это книга?
　까까야 에떠 끄니가

이것은 어떤 책입니까?
● книга 끄니가 여성명사 책

🔹 Это новая книга.
　에떠 노바야 끄니가

이것은 새 책입니다.
● новый 노브이 새로운, 새

 조격

앞에서(p70) 이미 러시아어의 명사는 어미에 따라 남성·여성·중성이나 복수·단수 이냐로 구분이 되는 것을 학습했다. 이번에는 명사가 격에 따라 변화하는 것(격변화)에 대해 알아보자. 러시아어는 6개의 격이 있는데, 명사 또한 주격·소유격(생격)·여격·목적격(대격)·조격·전치격으로 어미가 변화한다. 명사의 어간에 격에 따라 어미가 달리 붙는다.

조격은 동반, 수단, 자격 등을 나타낼 때 쓰인다. с는 ~와 함께 라는 의미를 표현한다.

	남성	여성	중성
단수어미	-ом, -ем	-ой, -ей, -ью	-ом, -ем
복수어미		-ами, -ями	

	단 수			복 수
	남성	여성	중성	
주격	-자음,-ь/-й	-а/-я	-о/-е	-ы,-и/-а,-я
소유격=생격	-а/-я	-ы/-и	-а/-я	-ов/-ев/-ей
여격	-у/-ю	-е	-у/-ю	-ам/ям
목적격=대격	주,생격	-у/-ю	-о/-е	주,생격/ -а, -я
조격	-ом/-ем	-ой/-ей	-ом/-ем	-ами/-ями
전치격	-е	-е	-е	-ах/-ях

〈명사의 격 변화표〉

◢ **Я играю в футбол с друзьями.**
야 이그라유 브 풋볼 스 드루지야미
나는 친구들과 함께 축구를 한다.

• **друзья** 드루지야 친구들

◢ **Мы гуляли со студентами.**
미 굴랼리 사 스투젠따미
우리는 학생들과 함께 산책했다.

대부분 с+조격이 오지만 뒤에 오는 단어가 с로 시작하는 경우, 앞의 с에 о가 붙어 со + 조격이 돼.

여러 가지 취미 표현

1 의사 표현   ЛЮБИТЬ + 동사 원형은 ~하기를 좋아하다라는 뜻이다.

 +    

긍정: любить 류비찌 + 동사원형   부정: не любить 네 류비찌 + 동사원형

~하기를 좋아한다.   ~하기를 좋아하지 않는다.

▸ **Я люблю гулять.**
야 류블류 굴랴찌
나는 산책하는 것을 좋아한다.

▸ **Я не люблю гулять.**
야 녜 류블류 굴랴찌
나는 산책하는 것을 좋아하지 않는다.

любить 류비찌 좋아하다 동사는 제 2 변화형에 따라 변화해. 동사 변화표는 p199를 참고해.

- гулять 굴랴찌 산책하다

이미 앞(p79)에서 인칭에 따라 동사의 어미가 변화하는 것을 학습하였다. 이번에는 그 중 제2변화형 동사인 **любить** 류비찌 **좋아하다** 에 대해 알아보자.

어간: люби   어미: ть
1인칭 단수에서 и→л 으로 변화

▸ любл | ю   류블류
         ишь   류비쉬
         ит   류비트
         им   류빔
         ите   류비쩨
         ят   류뱌트

다양한 취미 표현

취미를 말할 때 가장 자주 사용되는 동사는 **играть** 이그라찌 이다.
뒤에 어떤 격이 오느냐에 따라서 **놀다, 경기하다, 연주하다** 등 다양한 뜻으로 쓰인다.
영어의 play에 해당한다.

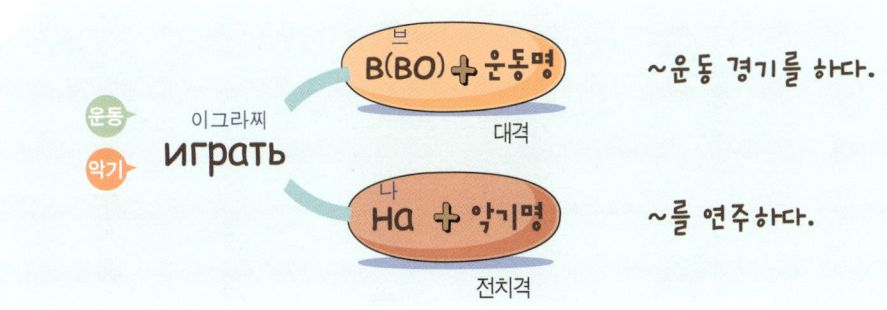

◄ играть в футбол.
　이그라찌 브 풋볼

축구를 하다.
● футбол　풋볼　남성명사 축구

◄ Я играю в теннис.
　야 이그라유 브 떼니스

나는 테니스를 칩니다.
● теннис　테니스　남성명사 테니스

◄ играть на гитаре.
　이그라찌 나 기타레　　전치격

기타를 연주하다
● гитара　기타라　여성명사 기타

◄ Я играю на скрипке.
　야 이그라유 나 스크리프케　전치격

나는 바이올린을 연주합니다.
● скрипка　스크리프카　여성명사 바이올린

3.Какое у вас хобби?　97

 여러가지 취미표현

3 요일 표현

~요일에이라는 뜻이야. **в** + 요일 명사의 대격을 사용해.

 • **понедельник**
뻐니젤니크
남성명사 월요일

 • **вторник**
프또르니크
남성명사 화요일

 • **среда**
스레다
여성명사 수요일

 • **четверг**
치뜨베르크
남성명사 목요일

 • **пятница**
빠뜨니짜
여성명사 금요일

 • **суббота**
쑤보따
여성명사 토요일

 • **воскресенье**
바스크레셴예
중성명사 일요일

◂ Я играю в футбол **в воскресенье**.   나는 일요일에 축구를 한다.
야 이그라유 브 풋볼 브 바스크레셴예

◂ Мы гуляли **в субботу**.   우리는 토요일에 산책을 했다.
믜 굴럈리 브 쑤보뚜
• **гулять** 굴랴찌 산책하다

среда 수요일, **пятница** 금요일, **суббота** 토요일은 여성명사로 대격은 어미 **а → у**로 바뀌는 것에 주의해!

 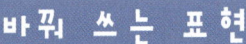 

01

Какое	у вас	хобби?
까꼬예	우 바스	호비
	у Хёнмина	
	우 현민아	
	у Анны	
	우 안느이	

▶ 당신의 　　취미는 무엇입니까?
▶ 현민씨의
▶ 안나의

Я	люблю	читать книгу.
야	류블류	취따찌 끄니구
Хёнмин	любит	играть в футбол.
현민	류비트	이그라찌 브 풋볼
Анна	любит	гулять.
안나	류비트	굴랴찌

▶ 저는　　　독서를　　　좋아합니다.
▶ 현민씨는　축구하는 것을
▶ 안나는　　산책을

• **любить**　류비찌　사랑하다

02

Что	ты делаешь	в свободное время?
쉬또	띄 젤라예쉬	브 스바보드노예 브레먀
Антон делает		
안톤 젤라예트		
вы делаете		
브 젤라예쩨		

▶ 너는 ｜ 여가시간에 ｜ 무엇을 하니?
▶ 안톤은
▶ 당신은

- делать 젤라찌 ~하다

Я	слушаю	музыку.
야	슬루샤유	무지꾸
Антон	смотрит	кино.
안톤	스모뜨리트	키노
Я	читаю	книгу.
야	취따유	끄니구

▶ 나는 음악을 감상해.
▶ 안톤은 영화를 봅니다.
▶ 저는 책을 봅니다.

- слушать 슬루샤찌 듣다
- смотреть 스마뜨레찌 제2변화형 보다
- читать 치따찌 읽다

러시아의 문화와 예술

전 세계적으로 러시아는 **문화와 예술의 나라**로 알려져 있어. 러시아를 대표하는 문화, 예술 분야로는 발레, 음악, 문학 등이 있어.

★ 발레

★ 음악

★ 문학

러시아 황실은 1673년 러시아에서 처음 열린 발레 공연에 큰 감동을 받아 유럽화 정책의 하나로서 발레를 민중의 오락으로 채택했고, 황실 무용 학교를 세우고 우수한 안무가를 초빙하여 교육하는 등 발레 발전에 전폭적인 지원을 했다. 19세기에 들어 러시아 발레가 서양 무용사에 큰 위치를 차지하면서 유럽의 뛰어난 무용수들과 안무가들이 러시아로 건너와 차이코프스키 같은 뛰어난 작곡가들과 함께 〈백조의 호수〉, 〈호두까기 인형〉, 〈잠자는 숲 속의 미녀〉 등 현재까지 전해 오는 대부분의 작품들을 만들었다. 러시아의 대표적인 발레단은 볼쇼이 발레단, 마린스키 발레단이 있다.

러시아 음악은 근대 이후 유럽의 영향을 받아 다양하게 발전했다. 무소르그스키, 림스키코르사코프 등 국민악파를 비롯해 루빈스타인과 차이코프스키가 근대를 대표하는 음악가이다. 현대 이후에는 라흐마니노프와 스트라빈스키 등이 활발하게 활동했다.

러시아 문학은 약 천 년의 역사를 가지고 있다. 19세기 초, 천재 시인 푸쉬킨의 소설과 시극, 비극 등 다양한 장르의 작품으로 러시아적 현실과 정서를 표현하는 국민문학이 형성됐다. 19세기 중반은 사실주의 소설의 황금시대로, 도스토예프스키의 〈죄와 벌〉, 〈카라마조프의 형제들〉과 사실주의 문학의 최고봉인 톨스토이의 〈전쟁과 평화〉, 〈안나 카레니나〉는 20세기 세계 문학에 큰 영향을 끼쳤다.

4

Какой вид транспорта у вас есть?

어떤 교통수단이 있나요?

어떤 교통수단이 있나요?

4 Какой вид транспорта у вас есть?

Вам нравится Москва?
밤 느라빗짜 마스크바

모스크바는 마음에 드시나요?

Да, очень красивый город.
다, 오친 크라시브이 고라드

네, 매우 아름다운 도시예요.

Кстати, какой вид транспорта у вас есть?
크스따찌, 까꼬이 비드 트란스뽀르따 우 바스 에스찌

그런데 모스크바에는 어떤 교통수단이 있나요?

Я хочу поехать на Красную Площадь.
야 하추 빠에하찌 나 크라스누유 쁠로샤지

붉은광장을 가고 싶은데요.

У нас есть метро, автобус, трамвай и троллейбус.
우 나스 에스찌 메트로, 아프토부스, 트람바이 이 트랄레이부스

지하철, 버스, 전차, 전기버스가 있습니다.

• вам	밤	여격대명사	당신에게	
원형 вы	븨		당신	
• нравится	느라빗짜	동사	마음에 들다	
원형 нравиться	느라빗짜			
• очень	오친	부사	매우	
• красивый	크라시브이	형용사	아름다운	
• город	고라드	명사	도시	
• кстати	크스따찌	부사	그건 그렇고, 그런데	
• вид	비드	명사	형태, 모습	
• транспорта	트란스뽀르따	명사	대중교통	
원형 транспорт	트란스뽀르트			
• есть	에스찌	동사	~이 있다	
참조 быть	브이찌		~이 되다, ~이 있다	
• хочу	하추	동사	원하다	
원형 хотеть	하쪠찌		불규칙변화동사	
• поехать	빠에하찌	동사	(타고) 가다	

104 러시아첫걸음

교통수단

 Вы можете поехать на Красную Площадь на метро.
브 모제쩨 빠에하찌 나 크라스누유 쁠로샤지 나 메트로
붉은광장은 지하철을 타고 갈 수 있습니다.

 На какую линию метро нужно сесть?
나 까꾸유 리니유 메트로 누쥐나 세스찌
몇호선 라인을 타면 될까요?

 На зеленую линию. Я покажу вам.
나 질료누유 리니유. 야 빠카쥬 밤
녹색 라인을 타면 됩니다. 제가 보여드릴께요.

 Спасибо.
스빠시바
감사합니다.

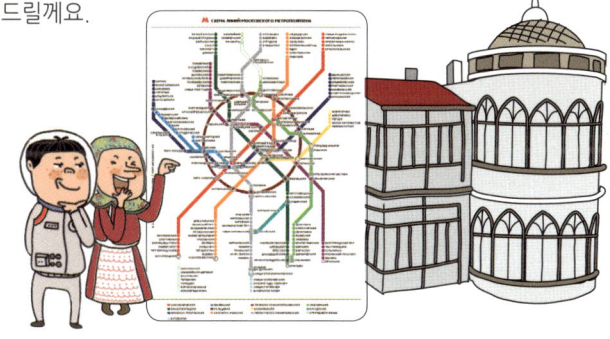

• на	나	전치사 (교통수단) ~을		• можете 원형 мочь	모줴쩨 모취	동사 가능하다, 할 수 있다
• Красную Площадь 크라스누유 쁠로샤지 원형 Красная Площадь		명사 붉은광장 크라스나야 쁠로샤지		• лнинию 원형 линия	리니유 리니야	대격 여성명사 (철도) 라인
• метро	메트로	중성명사 지하철		• нужно	누쥐나	부사 필요한
• автобус	아프토부스	남성명사 버스		• сесть	세스찌	동사 앉다
• трамвай	트람바이	남성명사 전차		• зелёный	질료느이	형용사 녹색의
• троллейбус	트랄레이부스	남성명사 전기버스		• покажу 원형 показать	빠카쥬 빠카자찌	동사 보여주다

4.Какой вид транспорта у вас есть?

Один билет, пожалуйста.
아진 빌레트, 빠잘루이스타

지하철표 한 장 주세요.

40 рублей.
쏘러크 루블레이

40루블입니다.

• билет	빌레트	남성명사	표
• пожалуйста	빠좔루이스타	소사	제발, 어서 (부탁의 의미)
• не	녜	부정소사	부정의 의미
• дали 원형 дать	달리 다찌	동사	주다
• сдача	스다차	여성명사	거스름돈

교통수단

- **Вы не дали сдачу 60 рублей.**
  븨 녜 달리 스다추 쉐스찌제샤뜨 루블레이
  거스름돈 60루블 안주셨는데요.

- **Ой, извините. Вот ваша сдача.**
  오이, 이즈비니쩨. 봇 바샤 스다차
  아이구, 죄송합니다. 여기 거스름돈입니다.

- **Спасибо.**
  스빠시바
  감사합니다.

- **извините** 이즈비니쩨 동사 죄송합니다, 미안합니다
  원형 **извинить** 이즈비니찌 죄송해하다, 미안해하다
- **вот** 봇 소사 여기
- **спасибо** 스빠시바 서술적 용법 고맙다, 감사하다

4. Какой вид транспорта у вас есть?

회화에 꼭 필요한 초간단 문법 설명

동작동사

동작동사에는 정태 동사와 부정태 동사가 있다.
정태 동사는 정해진 하나의 방향으로 동작이 진행되는 동사이고, 부정태 동사는 여러 방향(왕복, 반복)으로 동작이 연속적으로 이루어지는 동사이다.

동작동사는 방향을 나타내는 전치사 в, на 와 함께 자주 사용돼.

동 사	정태동사 →	부정태동사 ↔
걸어서 가다	잇찌 идти	하지찌 ходить
차로 가다	예하찌 ехать	에즈지찌 ездить
달려가다	베좌찌 бежать	베가찌 бегать
날아가다	레쩨찌 лететь	레따찌 летать
수영하다	쁠르이찌 плыть	쁠라바찌 плавать

차로 가다는 ехать인데 по은 왜 붙었나요?

ехать는 불완료, поехать는 완료야. 불완료는 반복의 의미, 완료는 1회성의 의미를 가지고 있지. 때문에 1회성 의미일 땐 поехать가 붙어.

◀ Вы можете <u>поехать</u> на Красную Площадь на метро.
　　　　　　　└ 1회성의 의미
비 모졔쩨 빠예하찌 나 크라스누유 쁠로샤지 나 메트로
붉은광장은 지하철을 타고 갈 수 있습니다.

мочь모취 뒤에는 동사원형이 와서 ~할 수 있다는 가능의 뜻을 나타내.

- можете 모줴쩨   мочь의 2인칭 변화형 ~할 수 있다.
- Красную Площадь   크라스누유 쁠로샤지 붉은광장
- поехать   빠예하찌 (교통수단을 타고) 가다, 출발하다

 **교통수단을 나타낼 때   на + 전치격(교통수단)**

교통수단을 표현할 때 사용되는 на는 전치사로 **на + 교통수단**의 경우 ~을 타고 가다 라는 뜻이다.

 на +  교통수단 ~를 타고
전치격

 метро, такси는 외래어로 변하지 않고 그대로 써.

▸ **ехать**
  예하찌
  타고 가다

  на автобусе 버스를
  나 아프토부세

  на машине 자동차를
  나 마쉬네

  на такси 택시를
  나 딱시

  на метро  지하철을
  나 메트로

  на самолёте 비행기를
  나 싸말료쩨

• **автобус**
  원형 남성명사
• **машина**
  원형 여성명사
• **такси**
  원형
• **метро**
  원형
• **самолёт**
  원형 남성명사

 54p, 63p과 비교해서 잘 알아두자.

 **소유를 나타낼 때   y + 소유격**

72p 인칭대명사의 소유격 참조해.

 у + 인칭 대명사 +  есть   ~이 있다,
소유격   ~을 가지고 있다

▸ **У меня есть машина.**   나에게는 자동차가 있다.
  우 미냐 에스찌 마쉬나

▸ **У них**  **сын и дочь.**   그들에게는 아들과 딸이 있다.
  우 니흐 썬 이 도치

   есть 생략가능

4. Какой вид транспорта у вас есть?

다양한 표현들

1 숫자

수사에는 **기수사**, **서수사**, **집합수사**가 있으며, **수사들은 모두 격에 따라 변화**한다.

О은 **ноль** 놀, **нуль** 눌 이라고 해.

아진
один

수사 1은 명사와 성, 수, 격이 일치해.

아진 스투젠트
◀ **один студент**　한 명의 대학생

아드나 스투젠트까
◀ **одна студентка**　한 명의 여대생

아드노 뻬로
◀ **одно перо**　한 개의 펜

2 드바 **два**
3 뜨리 **три**
4 치뜨리 **четыре**

수사 2, 3, 4는 단수 소유격을 사용해.

드바 스투젠타
◀ **два студента**　두 명의 학생

드베 스투젠트끼
◀ **две студентки**　두 명의 여대생

드바 뻬라
◀ **два пера**　두 개의 펜

5	빠찌 ПЯТЬ		8	뷔씸 ВОСЕМЬ
6	쉐스찌 ШЕСТЬ		9	제뱌찌 ДЕВЯТЬ
7	씸 СЕМЬ		10	제샤찌 ДЕСЯТЬ

5~10 + 명사 소유격

복수

수사 5~10은 복수 소유격을 사용해.

빠찌 스투졘토프
ПЯТЬ СТУДЕНТОВ 다섯 명의 학생들

11	одиннадцать	아진나짜찌	30	тридцать	뜨리짜찌
12	двенадцать	드빈나짜찌	40	сорок	쏘러크
13	тринадцать	뜨리나짜찌	50	пятьдесят	삐찌지샤뜨
14	четырнадцать	치뜨리나짜찌	60	шестьдесят	쉐스찌지샤뜨
15	пятнадцать	삐드나짜찌	70	семьдесят	씸지샤뜨
16	шестнадцать	쉐슷나짜찌	80	восемьдесят	뷔씸지샤뜨
17	семнадцать	씸나짜찌	90	девяносто	제빗노스따
18	восемнадцать	뷔씸나짜찌	100	сто	스또
19	девятнадцать	제빗나짜찌			
			1000	тысяча	뜨이시챠
20	двадцать	드밧짜찌			

14: е 생략
15: ь 생략

21	드밧짜찌 아진 двадцать один

드밧짜찌 아진 스투졘트
двадцать один студент
21명의 학생

복합수사와 결합될 때 명사는 끝자리 숫자에 의해 결정돼.

다양한 표현들

2 화폐

화폐단위의 지폐는 루블 **рубль** 루블 과 동전은 까뻬에크 **копеек** 까뻬에크가 있다.
한국의 화폐단위 **원**의 경우 러시아어로 **вон** 본 으로 표기된다.

3 색

러시아 노선표를 말하기 위해서는 기본적인 색상 표현을 알아두는 것이 좋다.
러시아어로 색, 색상은 **цвет** 쯔베트이다.

красный 크라스느이 빨강색의	оранжевый 아란줴브이 주황색의	жёлтый 죨뜨이 노랑색의
зелёный 질료느이 초록색의	синий 시니이 파랑색의	голубой 갈루보이 하늘색의
фиолетовый 피알레토브이 보라색의	жёлто-зелёный 죨따 질료느이 연두색의	серый 세르이 회색의

112 러시아첫걸음

바꿔쓰는 표현

01

◀ **Как вы хотите поехать туда?**
까끄 븨 하찌쪠 빠예하찌 투다

▶ 당신은 어떻게 그곳에 가기를 원합니까?

↳ **Я хочу поехать туда**
야 하추 빠예하찌 투다

на метро.
나 메트로

на автобусе.
나 아프토부쎄

на трамвае.
나 트람바예

▶ 저는 그곳에 | 지하철를 | 타고 가고 싶습니다.
　　　　　　| 버스를　|
　　　　　　| 전차를　|

02

◀ **На какую ветку метро нужно сесть?**
나 까꾸유 베뜨쿠 메트로 누쥐나 세스찌

▶ 몇호선 라인을 타야 할까요?
• **ветка**　베뜨카　원형 지하철 (~)호선, 나뭇가지

↳ **Зелёную.**
질료누유

Оранжевую.
아란줴부유

Серую.
세루유

какую로 물어보면
형용사의 대격을 사용해서 대답해~

▶ 녹색　| 라인이요.
▶ 주황색 |
▶ 회색　|

4. Какой вид транспорта у вас есть?

러시아의 교통수단

★ 전차 (트람바이)

도로 중앙에 설치된 철로를 따라 달리는 전차로 전기선에 의해 움직이며 주로 지하철이 없는 지역과 지하철역 사이를 연결하는 역할을 한다.

★ 전기버스 (트랄레이부스)

전차와 비슷하지만 정해진 선로 없이 운행하며 전기선으로 전력을 공급받아 움직인다. 일반 버스처럼 도로를 달리며 전기선의 길이만큼 좌우로 움직여서 차선을 이동할 수 있다.

★ 지하철(메트로)

러시아의 지하철은 편리하고 아름답기로 유명하다. 1935년에 처음 개통되었으며 총 11개 노선이 운행되고 있다. 러시아의 모든 지하철역에는 에스컬레이터가 설치되어 있는데, 길이가 짧은 것은 50m에서 긴 것은 200m가 넘을 정도로 길고 속도 또한 매우 빠르다. 또한 역사마다 벽화나 조각품, 천장화로 화려하고 아름답게 장식해 러시아의 예술성을 엿볼 수 있다.

★ 버스(아프토부스)

러시아의 버스는 한국과 유사한 형태로 운영된다. 하지만 버스문화는 아직 많이 뒤떨어져 있는데, 자국 버스는 거의 없고 대체로 낡은 편이다.

본문
5

Я забронировал номер.

호텔방을 예약했습니다.

 호텔방을 예약했습니다.

5 Я забронировал номер.

본문 1

 Здравствуйте, я забронировал номер.
즈드라브스뜨부이쩨, 야 자브라니라발 노메르

안녕하세요, 방을 예약했습니다.

 Как ваше имя?
까끄 바쉐 임야

Дайте пожалуйста, паспорт и кредитную карту.
다이쩨 빠좔루이스따, 빠스뽀르뜨 이 크레지트누유 카르뚜

성함이 어떻게 되십니까? 여권과 신용카드를 주십시오.

 Меня зовут Ким Хён Мин. Фамилия Ким.
미냐 자부트 김현민. 파밀리야 김

제 이름은 김현민 입니다. 성은 김 입니다.

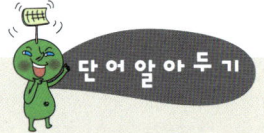
 TRACK 38

- **забронировал** 자브라니라발 과거형
  원형 **забронировать** 자브라니라바찌 동사 예약하다
- **ваше** 바쉐 소유대명사
  원형 **вы** 븨 대명사 당신
- **номер** 노메르 남성명사 호텔의 방, 번호

- **зовут** 자부트
  원형 **звать** 즈바찌 동사 부르다, ~로 명명하다
- **дайте** 다이쩨 명령형
  원형 **дать** 다찌 동사 주다, 제공하다
- **пожалуйста** 빠좔루이스따 소사 제발, 어서
- **паспорт** 빠스뽀르뜨 남성명사 여권

116 러시아첫걸음

호텔

Подпишите здесь, пожалуйста.
빠드피쉬쩨 즈제시, 빠좔루이스따.

Вы можете позавтракать в ресторане на втором этаже.
븨 모줴쩨 빠자프뜨라까찌 브 레스토란네 나 프따롬 에따줴
여기 서명해 주세요. 조식은 2층 식당에서 가능합니다.

Благодарю вас.
블라가다류 바스
감사합니다.

Не за что.
녜 자 쉬또
천만에요.

- **кредитную карту**
  크레지트누유 카르뚜
  원형 **кредитная карта** 명사 신용카드
  크레지트나야 까르따

- **Подпишите** 빠드피쉬쩨 제2변화형
  원형 **подписать** 빠드피사찌 동사 서명하다

- **здесь** 즈제시 부사 여기, 이 경우

- **позавтракать** 동사 아침식사하다
  빠자프뜨라까찌

- **втором** 프따롬
  원형 **второй** 프따로이 형용사 제 2의, 다음의

- **этаже** 에따줴
  원형 **этаж** 에따쥐 명사 층

- **Благодарю**
  블라가다류
  원형 **благодарить** 동사 감사하다, 사의를 표하다
  블라가다리찌

- **Не за что** 녜 자 쉬또 천만에요

5. Я забронировал номер. 117

Я хотел бы освободить номер.
야 하쩰 브이 아스바바지찌 노메르

체크아웃 해 주세요.

Вы пользовались минибаром в номере?
븨 뽈조발리스 미니바롬 브 노메레

미니바를 사용하셨나요?

Нет.
녯

아니요.

- **освободить**   аспабаджичи   동사 자유를 주다, 면제하다
- **пользовались** 뽈조발리스   과거형
  원형 **пользоваться** 뽈조밧짜   동사 이용하다, 사용하다
- **минибаром** 미니바롬   조격
  원형 **минибар** 미니바르   남성명사 미니바

호텔

 А как отсюда можно добраться до аэропорта?
아 까끄 아뜨슈다 모쥐나 다브랏짜 도 아에라뽀르따
그런데 여기서 공항으로 가려면 어떻게 가야 할까요?

 Вы можете воспользоваться аэроэкспрессом.
븨 모제쩨 바스뽈조밧짜 아에라익스프레솜
공항철도를 이용하면 됩니다.

 Хорошо, спасибо.
하라쇼, 스빠시바
알겠습니다, 감사합니다.

- **добраться**   다브랏짜   동사 (어느 장소에) 도달하다
- **воспользоваться**   동사 ~를 이용하다, 사용하다
  바스뽈조밧짜
- **аэропорта**   소유격
  아에라뽀르따
  원형 **аэропорт**   명사 공항
  아에라뽀르뜨

- **аэроэкспрессом**   조격
  아에라익스프레솜
  원형 **аэроэкспресс**   명사 고속철도
  아에라익스프레스
- **хорошо**   하라쇼   부사 좋다, 훌륭하다, 알았다

5. Я забронировал номер. 119

회화에 꼭 필요한 초간단 문법 설명

동사의 상

러시아어의 동사에는 상의 개념이 중요하다. 대부분의 러시아어 동사는 불완료상과 완료상의 쌍을 가지고 있다. 불완료상은 일반적인 사실이나 진행중인 행위, 반복적인 습관 행위 등을 가리키며, 완료상은 완료된 일회적 행위를 가리킨다.

동사앞에 про를 붙이면 완료상 동사가 되어 짝을 이뤄.

читать 취따찌 불완료상

прочитать 프로취따찌 완료상

1 불완료상 시제 : 사실, 진행, 습관

		과거	현재	미래	
일반적인 사실, 동작, 습관 등	я 야	читал(а) 취딸(라)	читаю 취따유	буду 부두	читать 취따찌
	ты 띄	читал(а) 취딸(라)	читаешь 취따에쉬	будешь 부제쉬	
	он 온	читал 취딸	читает 취따에트	будет 부제트	
	она 아나	читала 취딸라	читает 취따에트	будет 부제트	
	мы 미		читаем 취따엠	будем 부젬	
	вы 븨	читали 취딸리	читаете 취따에쩨	будете 부제쩨	
	они 아니		читают 취따유트	будут 부두트	

• читать 취따찌   여성명사읽다

120 러시아첫걸음

- 사실 ▸ **Вода течёт.**   물은 흐른다
  바다 쩨쵸트

- 습관 ▸ **Я каждый день просыпаюсь в 6 утра.**
  야 까쥬드이 젠 쁘라쓰빠유스 브 쉐스찌 우뜨라
  난 매일 6시에 일어난다

- 진행 ▸ **Я читаю книгу.**   저는 잡지를 읽고 있어요
  야 취따유 끄니구

- 완료 ▸ **Я вчера ночью прочитала книгу.**
  야 브체라 노취유 프로취딸라 끄니구
  책을 어제 밤에 다 읽었다

❷ 완료상 시제 : 완료된 행위

		과 거	미 래
종료된 일회적 행위	я 야	прочитал(а) 프로취딸(라)	прочитаю 프로취따유
	ты 띄	прочитал(а) 프로취딸(라)	прочитаешь 프로취따에쉬
	он 온	прочитал 프로취딸	прочитает 프로취따에트
	она 아나	прочитала 프로취딸라	прочитает 프로취따에트
	мы 믜	прочитали 프로취딸리	прочитаем 프로취따엠
	вы 븨		прочитаете 프로취따에쩨
	они 아니		прочитают 프로취따유트

재귀동사

러시아어 동사 끝에 **-ся(-сь)**를 가진 동사가 많다. 이 **-ся**는 재귀대명사 **себя**의 축약형에서 유래된 것으로, 자음으로 끝나는 동사 뒤에서 **-ся**, 모음으로 끝나는 동사 뒤에서 **-сь**로 쓰인다.

자음으로 끝나는동사 + -ся   모음으로 끝나는동사 + -сь
         자동사   자동사

1 순수 재귀동사

행위자 자신에게 결과가 영향을 미친다. 재귀동사들은 항상 자동사이기 때문에 전치사가 없는 대격 형태의 명사나 대명사(직접 목적어)가 뒤에 올 수 없다.

Мать моет мальчика.   어머니가 소년을 씻겨준다.
마찌 모에트 말치카

Мальчик моется.   소년은 (자기 자신의 몸을)씻는다.
말치크 모엣짜

• Мальчик 말치크 소년

2 상호 재귀동사

-ся (-сь)에 의하여 함께의 의미가 추가되어 행위가 둘 이상의 사람들에 의해서 행해짐을 나타낸다. 보통 C+ 명사 조격과 함께 쓰인다.

◀ **Мы попрощали**сь **с гост**ями**.**
　믜 빠쁘라쌀리스 스 가스쨔미
　우리는 손님들과 작별했다.

3 수동의 의미를 갖는 재귀동사

수동 구문에서 실제 행위자는 조격 형태를 갖게 된다. 이 동사들은 항상 불완료상이다.

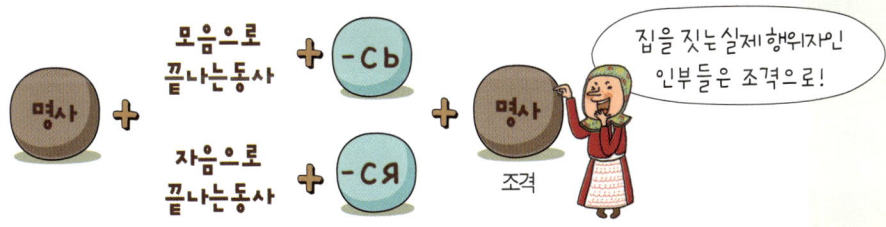

집을 짓는 실제 행위자인 인부들은 조격으로!

◀ **Дом стро́ит**ся **рабо́ч**ими**.**
　돔 스트로잇쨔 라보치미
　집은 인부들에 의해 지어지고 있다.(인부들이 집을 짓는다)

- Дом　　돔　집
- рабочий　라보치　인부

5. Я забронировал номер. 123

다양한 표현들

1 체크인, 체크아웃

체크인과 체크아웃에는 다양한 표현이 쓰일 수 있지만 일반적으로
체크인의 경우 **등록**을 뜻하는

◂ **регистрация** 레기스트라찌야   **запись** 자피스

체크아웃의 경우 **호텔을 떠난다**는 의미의

◂ **выезд из отеля** 브이에즈드 이즈 아쩰랴

혹은 **호텔 방을 비우다**는 의미의

◂ **освободить номер** 아스바바지찌 노메르

를 사용한다.

2 러시아인 이름

러시아인의 이름은 기본적으로 이름+부칭+성으로 구성되어 있다.
부칭은 말 그대로 아버지의 이름을 따온 것인데,
여성의 경우 아버지 이름 뒤에 어미 **-вна** 브나 혹은 **-на** 나 가 붙고
남성의 경우 **-вич** 비치 혹은 **-ич** 이치 가 붙는다.
한국에서도 잘 알려진 저명한 작가 톨스토이의 경우 정확한 이름은
Лев Николаевич Толстой 레프 니콜라에비치 톨스토이인데,
이 경우 **니콜라이 톨스토이의 아들 레프**라고 이해할 수 있겠다.

〈톨스토이〉

124 러시아첫걸음

 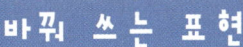 

01

Я	забронировала	номер.
야	자브라디라발라	노메르
Мой муж	забронировал	
모이 무쉬	자브라디라발	
Мы	забронировали	
믜	자브라니라발리	

• забронировать 자브라니라바찌
  예약하다

▶ 저는
▶ 저희 남편이
▶ 저희는

방을 예약했는데요.

┗ Дайте пожалуйста, паспорт.
  다이쩨 빠좔루이스따, 빠스뽀르뜨

▶ 여권을 주세요.

02

■ Я хотел бы освободить номер.
  야 하쩰 븨 아스바바지찌 노메르

하제찌
хотеть + ~~ + 동사원형

▶ 체크아웃 부탁드립니다.

┗ Хорошо, дайте пожалуйста, | кредитную карту.
  하라쇼, 다이쩨 빠좔루이스따, | 크레지트누유 카르뚜

  ключ.
  클류치

  паспорт.
  빠스뽀르뜨

▶ 알겠습니다, | 신용카드를 | 주십시오.
              | 열쇠키를 |
              | 여권을 |

5. Я забронировал номер. **125**

공항철도 이용방법

본문 **6**

Где можно купить сувениры?

기념품은 어디서 살 수 있을까요?

기념품은 어디서 살 수 있을까요?

Где можно купить сувениры?

Где можно купить сувениры?
그제 모쥐나 쿠피찌 수베니르이
기념품은 어디서 살 수 있을까요?

На Арбате можете купить.
Что вы хотите купить?
나 아르바쩨 모줴쩨 쿠피찌. 쉬또 븨 하찌쩨 쿠피찌
아르바트 거리에 가면 살 수 있습니다. 무엇을 사고 싶으신지요?

Я хочу купить матрёшку.
А сколько она примерно стоит?
야 하추 쿠피찌 마뜨료쉬쿠. 아 스꼴까 아나 쁘리메르나 스또이트
마뜨료쉬카를 사고 싶은데 대충 얼마쯤 할까요?

TRACK 44

- **Где** 그제 부사 어디에서
- **можно** 모쥐나
  можете 모줴쩨
  원형 **мочь** 모취 동사 ~해도 좋다, 할 수 있다 (허용, 가능)
- **купить** 쿠피찌 동사 사다, 구매하다
- **сувениры** 수베니르이 명사 기념품들
  원형 **сувенир** 수베니르 남성명사
- **хотите** 하찌쩨
  хочу 하추
  원형 **хотеть** 하쩨찌 동사 원하다
- **матрёшку** 마뜨료쉬쿠 대격 마뜨료쉬카 (러시아 기념품 인형 이름)
  원형 **матрёшка** 마뜨료쉬카 여성명사

128 러시아첫걸음

관광·쇼핑

 Обычно она стоит 1,000 рублей.
아브이치나 아나 스또이트 뜨이시치 루블레이
보통 1,000루블이면 살 수 있습니다.

 Хорошо, спасибо.
하라쇼, 쓰빠시바
그렇군요, 감사합니다.

 Не за что.
녜 자 쉬또
천만에요.

• а	아	접속사	~이지만, 하지만, 그러면 (문장 가운데 가벼운 뜻의 전환과 대립 의미)
• сколько	스꼴까	부사	얼마, 어느정도
• примерно	쁘리메르나	부사	대략, 대강
• стоит 원형 стоить	스또이트 스또이찌	동사	~의 값이다, 값이 ~~하다

6. Где можно купить сувениры? 129

본문 2

Я собираюсь отправиться в экскурсию по Москве.
야 싸비라유스 아트프라빗짜 브 엑스꾸르시유 빠 마스크베.

Куда можно поехать?
쿠다 모쥐나 빠예하찌

모스크바 시내를 관광하고 싶어. 어디를 가면 좋을까?

Сначала давай поедем на Красную площадь.
스나찰라 다바이 빠예젬 나 크라스누유 쁠로샤지

Там можно посмотреть Кремль и ГУМ.
땀 모쥐나 빠스마뜨레찌 크레믈 이 굼

우선 붉은광장에 가자. 그곳에 가면 크레믈린 궁전과 굼 백화점도 볼 수 있어.

Да, отличная мысль!
다, 아틀리치나야 므이슬!

А потом я хочу посетить музей.
아 빠똠 야 하추 빠쎄찌찌 무제이

그래, 좋은 생각이야. 그리고 나서 박물관도 가고 싶어.

〈크레믈린 궁전〉

〈붉은 광장〉

TRACK 46

단어 알아두기

• собираюсь 원형 собираться	싸비라유스 싸비랏짜	동사	준비하다	• поедем 원형 поехать	빠예젬 빠예하찌	동사	(타고) 떠나다, 가다
• отправиться	아트프라빗짜	동사	가다, 떠나다	• сначала	스나찰라	부사	우선
• экскурсию 원형 экскурсия	엑스꾸르시유 엑스꾸르시야	명사	관광, 견학 여성명사	• давай 원형 давать	다바이 다바찌		명령법 특수용법 ~합시다, ~하자
• по	뽀	전치사	~을 따라 (표면에서의 운동)	• там	땀	부사	저기, 그곳에
• Куда	쿠다	부사	어디로	• посмотреть	빠스마뜨레찌	동사	보다
				• отличная	아틀리치나야	형용사	훌륭한, 뛰어난

관광 · 쇼핑 TRACK 47

Понятно.
빠냐뜨나

Вместо гида сегодня я покажу тебе известные места в Москве.
브메스따 기다 시보드냐 야 빠카주 쩨베 이즈베스트느이에 메스따 브 마스크베

Давай поедем через час.
다바이 빠에젬 체레지 차스

알겠어. 오늘은 가이드 대신 내가 모스크바의 유명한 장소를 보여줄게.
1시간 후에 출발하자.

Хорошо, спасибо.
하라쇼, 쓰빠시바

알겠어, 고마워.

〈트레챠코프 미술 박물관〉

- мысль / 므이슬 / 명사 / 생각
- посетить / 빠세찌찌 / 동사 / 방문하다, 가다
- музей / 무제이 / 명사 / 박물관
- вместо / 브메스따 / 전치사 / ~대신
- гида 원형 гид / 기다 / 기드 / 명사 / 가이드
- сегодня / 시보드냐 / 명사 / 오늘
- покажу 원형 показать / 빠카주 / 빠카자찌 / 1인칭변화 / 동사 / 보여주다
- известные 원형 известный / 이즈베스트느이에 / 이즈베스트느이 / 형용사 / 유명한
- места 원형 место / 메스따 / 메스따 / 복수명사 장소들 / 중성명사 장소
- через / 체레지 / 전치사 ~후에, 뒤에
- час / 차스 / 명사 1시, 시, 시간

6. Где можно купить сувениры? 131

회화에 꼭 필요한 초간단 문법 설명

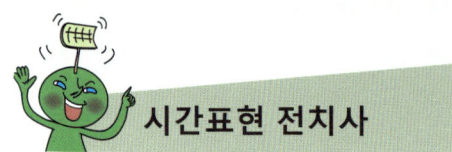

시간표현 전치사

● 정확한 시간의 표현

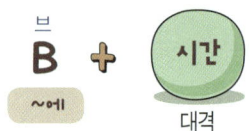

브
в + 시간
~에   대격

▸ **Я обедаю в час.**
야 아베다유 브 차스

저는 1시에 점심 식사를 합니다.

● **обедать** 아베다찌 불완료상 제 1변화형 점심식사를 하다
● **час** 차스 1시

체레지
через + 시간
~뒤에, 후에   대격

▸ **Я пойду обедать через час.**
야 빠이두 아베다찌 체레지 차스

저는 1시간 후에 점심 식사를 먹으로 갈 것입니다.

나자드
시간 + **назад**
대격   ~전에

▸ **Я обедал час назад.** *과거형 p121 참조*
야 아베달 차스 나자드

저는 1시간 전에 점심 식사를 했습니다.

● 기간의 표현

자
за + 시간
~동안   대격

▸ **Я обедал за час.**
야 아베달 자 차스

저는 1시간동안 점심 식사를 했습니다.

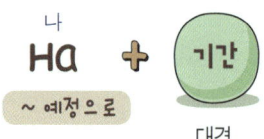

나
на + 기간
~ 예정으로   대격

▸ **Я приехал в Москву на неделю.**
야 쁘리에할 브 마스크부 나 네젤류

저는 1주일 예정으로 모스크바에 왔습니다.

● **приехать** 쁘리에하찌 완료상 제 1변화형 오다
● **неделя** 네젤랴 여성명사 일주일

 시간표현

시	남성	час	차스
분	여성	минута	미누따
초	여성	секунда	시쿤다

● 시간의 기본 단위

1		час	차스	минута	미누따	секунда	씨쿤다
2~4	단수소유격	часа	치사	минуты	미누뜨이	секунды	씨쿤드이
5 이상	복수소유격	часов	치소프	минут	미눗	секунд	씨쿤드

◀ две минуты первого
2분 / 여성 소유격 / 첫번째, 서수

드베 미누뜨이 뻬르바바   12시 2분

пять минут шестого
5분 / 여섯번째, 서수

빠찌 미누뜨 쉐스또바   5시 5분

정각과 30분 사이의 시(時)는 서수사로 표현할 수 있어.

◀ полпервого
첫번째, 서수

뽈뻬르바바   12시 30분

полпятого
다섯번째, 서수

뽈빠따바   4시 30분

30분을 나타내는 **половина** 빨라빈나 는 구어에서 **пол**-로 대체될 수 있어.

6. Где можно купить сувениры?

회화에 꼭 필요한 초간단 문법 설명

▸ **Который час? = Сколько времени?**
까또르이 차스   스꼴까 브레메니
몇 시입니까?

утро 아침
우뜨라
새벽 5시부터 정오까지

день 낮
젠
오후 1시부터 5시까지

12 드빈나짜찌 치소프 **двенадцать часов**
11 아진나짜찌 치소프 **одинадцать часов**
10 제샤찌 치소프 **десять часов**
9 제뱌찌 치소프 **девять часов**
8 뵈씀 치소프 **восемь часов**
7 쎔 치소프 **семь часов**
6 쉐스찌 치소프 **шесть часов**
5 빠찌 치소프 **пять часов**
4 치뜨리 치사 **четыре часа**
3 뜨리 치사 **три часа**
2 드바 치사 **два часа**
1 차스 **час**

час 시
минута 분

вечер 저녁
베체르
오후 6시부터 자정까지

ночь 밤
노치
새벽 1시부터 4시까지

몇 시에 라는 표현은 **Во сколько?** 바 스꼴까로 할 수 있다.

동사 **давай** ~합시다

давай 다바이 ~합시다(명령법에서의 특수용법), ~하자라는 뜻으로 원형은 **давать** 다바찌 ~주다라는 뜻이다.

다양한 표현들

1 물건 사기

물건을 구매할 때 가장 많이 사용되는 표현이다.

이에 대한 판매원의 답변은 Это 에떠 стоит 스또이트 + 가격이 될 수 있다.

 Сколько это стоит?
스꼴까 에떠 스또이트

이것은 얼마입니까?

↪ Это стоит 1,000 рублей.
에떠 스또이트 뜨이시치 루블레이

이것은 1,000루블입니다.

• рубль 루블 러시아 화폐단위 루블

2. 감정의 표현

감사와 사과의 표현은 다음과 같다.

감사

Спасибо.	쓰빠시바	고맙습니다.
Благодарю.	블라가다류	감사합니다.
Не за что.	녜 자 쉬또	천만에요.
Пожалуйста.	빠좔루이스따	천만에요.

사과

Извините.	이즈비니쩨	미안합니다.
Простите.	쁘라스찌쩨	죄송합니다.
Ничего.	니취보	괜찮습니다.
Пожалуйста.	빠좔루이스따	미안합니다.

바꿔 쓰는 표현

01

Сколько | это | стоит?
스꼴까 | 에떠 | 스또이뜨?

　| он |
　| 온 |

　| она |
　| 아나 |

▶ 이것은 얼마입니까?

> 러시아어의 모든 명사에는 성이 있기 때문에 물건을 가리켜 OH 온 그, OHa 아나 그녀 라는 표현을 사용해. Книга 끄니가 책 의 경우 OHa 아나 그녀 가 되는 식이지.

Это стоит | 1,000 рублей.
에떠 스또이뜨 | 뜨이시치 루블레이

　| 5,000 вон.
　| 빠찌 뜨이시치 본

　| 10,000 долларов.
　| 제샤찌 띄이시치 돌러로프

▶ 이것은 | 1,000루블 | 입니다.
　| 5,000원 |
　| 10,000 달러 |

138　러시아첫걸음

02

Давай(те) поедем
다바이(쪠) 빠예젬

на Красную площадь
나 크라스누유 쁠로샤지

в музей
브 무제이

в ресторан.
브 레스토란

▶ 붉은광장에 　 가자(갑시다).
▶ 박물관에
▶ 식당에

다바이(쩨)
давай(те) + 동사원형　~하자, ~합시다

권유·제안을 나타내는 말이야. **давай(те)**는 윗사람이나 강조하고 싶을때 사용하기도 해.

6. Где можно купить сувениры? 139

러시아의 기념품

★ 초콜렛

러시아 사람들은 따뜻한 차와 함께 초콜렛을 즐겨먹는다. 전 세계 어느 곳보다 다양한 맛과 브랜드의 초콜렛 제품을 만나볼 수 있다.

★ 보드카

러시아와 북유럽에서 추위를 피하기 위해 즐겨 마시던 술이지만, 1918년 이후 제조기술이 유럽, 미국에 전파돼 전 세계적으로 알려졌다. 무색, 무취, 무향으로 알려진 보드카는 다음날 숙취가 없다는 사실에 러시아인은 물론이고 전 세계인의 사랑을 받고 있다.

★ 마뜨료쉬카

전통 목각인형으로 다산, 다복, 행운을 의미하는 기념품이다. 몸체가 상하로 분리되며 안에는 3~5개의 작은 인형이 겹겹이 들어있다.

★ 도자기 공예품

러시아산 도자기는 특유의 예술, 장인정신으로 만들어진 독특함을 자랑한다. 제정 러시아 수도였던 상트페테르부르크의 유명한 황실 도자기인 로마노소프를 비롯해 러시아 전통 도자기인 그젤이 유명하다.

★ 사모바르

러시아 가정에서 물을 끓일 때 사용하는 금속 주전자로 자기 스스로 끓는 용기라는 뜻을 가졌다. 중심부에서 가열이 되고 아래쪽에 수도꼭지가 달려있어, 위에서 물을 넣고 끓여 받아먹을 수 있다.

본문
7

В ресторане
식당에서

7 식당에서
В ресторане

본문 1

Садитесь здесь, пожалуйста. Вот меню.
사지쩨시 즈제시, 빠잘루이스타. 봇트 메뉴

여기 앉으십시요. 메뉴 여기있습니다.

Спасибо. Анна, что мы будем заказывать?
쓰빠시바. 안나, 쉬또 믜 부젬 자카즈이바찌

감사합니다. 안나, 무엇을 주문하는것이 좋을까요?

Для начала хорошо бы заказать греческий салат и два борща.
들랴 나찰라 하라쇼 브이 자카자찌 그레체스키 살라트 이 드바 보르쇠

먼저 빵과 그리스식 샐러드, 그리고 보르쉬를 주문하는게 좋겠습니다.

단어 알아두기

러시아어	발음	품사	뜻
• садитесь 원형 садиться	사지쩨시 사짓쨔	동사	앉다
• меню	메뉴	명사	메뉴판
• закажу 원형 заказать	자카주 자카자찌	동사 제1변화형	주문하다
• хлеб	흘렙	명사	빵
• греческий	그레체스키	형용사	그리스식
• салат	살라트	명사	샐러드
• борща 원형 борщ	보르쇠 보르쉬	명사	보르쉬(음식명)
• попробуем 원형 попробовать	빠프로부엠 빠프로보바찌	동사 제1변화형	맛보다
• шашлык	샤쉴릭	명사	샤슬릭(음식명)
• тоже	또줴	부사	역시, 또한
• из	이즈	전치사	~로 만든

142 러시아첫걸음

식당

Хорошо. Мне также хотелось бы попробовать шашлык.
하라쇼. 므녜 따그줴 하쪨라스 브이 빠프로보바찌 샤쉴릭
좋습니다. 저는 샤슬릭도 맛보고 싶군요.

Шашлык из какого мяса вам больше нравится? Есть шашлык из баранины, свинины и курицы.
샤쉴릭 이즈 까꼬바 먀사 밤 볼쉐 느라빗쨔? 에스찌 샤쉴릭 이즈 바라닌늬, 스비닌늬 이 꾸리쯔이
어떤 샤슬릭이 좋으세요? 양고기, 돼지고기, 닭고기가 있네요.

Мне нравится шашлык из свинины. И я буду пить зелёный чай.
므녜 느라빗쨔 샤쉴릭 이즈 스비닌늬. 이 야 부두 삐찌 질료느이 차이
돼지고기가 좋겠습니다. 마실것은 녹차로 하겠습니다.

Хорошо, так я и закажу. Девушка!
하라쇼, 따크 야 이 자카주. 제부쉬카
네, 그럼 그렇게 주문할게요. 아가씨 여기요!

• мяса 원형 мясо	먀사 먀사	명사 고기	• свинины 원형 свинина	스비닌늬 스비니나	명사 돼지고기 복수명사
• больше	볼쉐	부사 더, 더욱	• курицы 원형 курица	꾸리쯔이 꾸리짜	명사 닭고기 복수명사
• нравится 원형 нравиться	느라빗쨔 느라빗쨔	동사 마음에 들다, 좋다	• пить	삐찌	동사 마시다
• баранины 원형 баранина	바라닌늬 바라니나	명사 양고기 복수명사	• зелёный	질료느이	형용사 녹색의
			• чай	차이	명사 차

Сегодня пироги и блины были очень вкусные. Пироги похожи на корейские пельмени.
시보드냐 삐라기 이 블린느이 빌리 오친 브쿠스느이에. 삐라기 빠호쥐 나 까레이스끼에 뻴메니

오늘 삐록과 블린이 매우 맛있었어. 삐록은 한국의 만두와 비슷해.

Правда?
프라브다

Я тоже хочу попробовать корейскую кухню.
야 또줴 하추 빠프로보바찌 까레이스꾸유 쿠흐뉴

그래? 나도 한국 음식을 먹어보고 싶어.

Приезжай в Корею. Попробуем вместе.
쁘리예즈좌이 브 까레유. 빠프로부엠 브메스쩨

한국에 오도록 해. 함께 먹자.

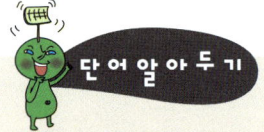

• пироги 원형 пирог	삐라기 삐록	복수명사 삐록(음식명)	• похожи 원형 похож	빠호쥐 빠호쥐	형용사 닮은
• блины 원형 блин	블린느이 블린	복수명사 블린(음식명)	• корейские	까레이스끼에	형용사 한국의
• очень	오친	부사 매우	• пельмени 원형 пельмень	뻴메니 뻴멘	복수명사 고기 만두(음식명)
• вкусные	브쿠스느이에	형용사 맛있는	• правда	프라브다	부사 정말, 진짜
			• кухню 원형 кухня	쿠흐뉴 쿠흐냐	대격 명사 음식

식당

 Хорошо. Теперь пойдём домой.
Девушка, дайте пожалуйста счёт. Сколько с нас?
하라쇼. 쩨뻬르 빠이죰 다모이. 제부쉬카, 다이쩨 빠좔루이스따 숏. 스꼴까 스 나스

그래, 이제 그만 가자. 여기요 아가씨, 계산서 부탁합니다. 얼마입니까?

 Тысяча рублей.
뜨이시치 루블레이

1,000 루블입니다.

 Вот здесь. Спасибо.
봇 즈제시. 쓰빠시바

여기 있습니다. 감사합니다.

- приезжай 쁘리예즈좌이 명령형 동사 (교통수단을 타고) 오다
  원형 приехать 쁘리예하찌
- вместе 브메스쩨 부사 함께
- девушка 제부쉬카 명사 아가씨
- теперь 찌뻬르 부사 이제
- пойдём 빠이죰 동사 가다
  원형 пойти 빠이찌
- домой 다모이 부사 집으로
- счёт 숏 명사 계산서
- с 스 전치사 ~로부터

7. В ресторане 145

회화에 꼭 필요한 초간단 문법 설명

형용사의 비교급과 최상급

1 비교급

1) 합성비교급

명사를 수식하는 비교급은 형용사 앞에 **более** 볼레에 또는 **менее** 멘네에를 덧붙여 만들어진다. 이러한 비교급은 합성비교급이라고 한다. **более**와 **менее**는 변화하지 않고 형용사만 성, 수, 격에 따라 변화한다. 기본적인 형태는 **более** 볼레에 + 형용사이다.

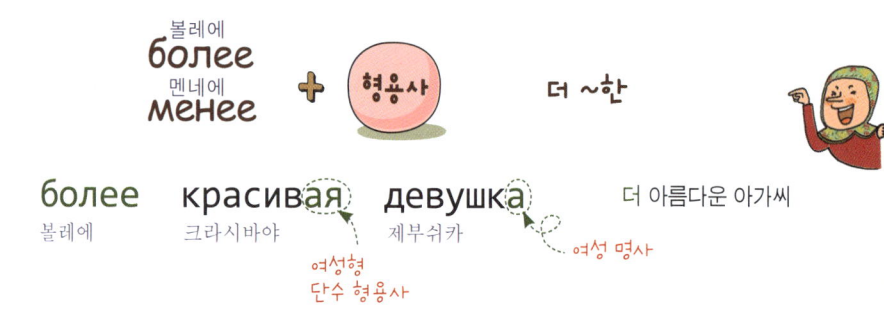

규칙의 예외로 형용사 중 특수 형태의 비교급도 존재한다. .

형용사		비교급	
хороший 하로쉬	좋은	лучший 루취쉬	더 좋은
плохой 쁠라호이	나쁜	худший 후드쉬	더 나쁜

146 러시아첫걸음

2) 단일비교급

단일 비교급의 경우 **형용사 어간 + -ee** 의 형태로 사용된다.
성, 수와 관계없이 변화하지 않으며, 술어적 용법으로만 사용된다.

- **Эта девушка красивее.** 이 아가씨가 더 아름답다.
  에따 제부쉬카 크라시베에

이 외에도 **-e, -ше, -же, -ще**로 변화하는 불규칙 형용사가 있다.

형용사	비교급
большой 큰 발쇼이	больше 더 큰 볼쉐
маленький 작은 말렌키	меньше 더 작은 멘쉐

2 최상급

최상급의 기본적인 형태는 **самый** 싸므이 + 형용사 이다.
이 경우 형용사와 명사의 성, 수, 격이 일치한다.

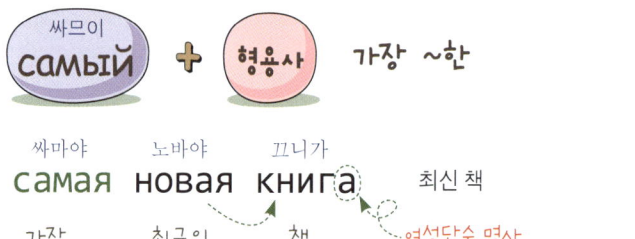

- **самая лучшая ручка** 가장 좋은 볼펜
  싸마야   루치샤야   루치카

- **самая худшая картина** 가장 별로인 그림
  싸마야   후드샤야   까르찐나

이 외에도 **-ейший** 네이쉬 로 변화하는 형용사가 있다. 주로 단음절 어근과 결합한다.

단음절 어근 + **-ейший** 네이쉬 가장 ~한

형용사 → 비교급 → 최상급
важный 중요한 → **важнее** 더 중요한 → **важнейший** 가장 중요한
바쥐느이   바쥐녜   바쥐네이쉬

- **важнейшая книга** 가장 중요한 책
  바쥐네이샤야 끄니가

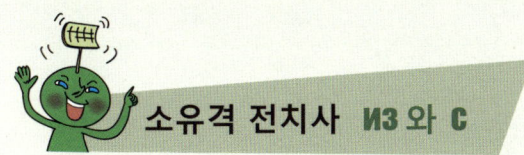

소유격 전치사 из 와 с

1 из

из 이즈 는 행위나 운동의 시발점, 출처, 출신, 물건의 재료, 원인 등에서 다양하게 사용한다. **из** 이즈 다음에 오는 명사는 소유격으로 변화한다. ▶ P 197 명사 격변화 참조

из 이즈 + 명사 (소유격)

행위나 운동의 시발점
▸ Он уехал из Москва ➡ Москв**ы**. ⟵ 소유격
  온 우예할 이즈 마스크브이
  그는 모스크바를 떠났다.
  • уехать 우예하찌 떠나다, 출발하다

출처, 출신
▸ Я приехал из Корея ➡ Коре**и**.
  야 쁘리에할 이즈 까레이
  나는 한국에서 왔습니다.
  • приехать 쁘리에하찌 도착하다

물건의 재료
▸ шашлык из свинина ➡ свинин**ы**
  샤쉴릭 이즈 스비느이
  돼지고기 샤슬릭
  • свинина 스비니나 돼지고기

원인
▸ из любовь ➡ любв**и**
  이즈 류브비
  사랑으로 인해(=사랑 때문에)
  • любовь 류보비 여성명사 사랑, 정, 연애

7. В ресторане 149

  문법 설명

2 C

대게 **① 행위의 시발, 시발 시간을 뜻하는 ~로부터, ~(언제)부터** 의 뜻으로 사용된다.
C 스 다음에 오는 명사는 소유격으로 변화한다. **P 196 인칭대명사 격변화 참조**

~로부터,
~(언제)부터

▲ **Сколько с мы ➡ нас?** (우리로부터) 얼마입니까?
스꼴까 스 나스

전치사 C 스가 **② 운동의 방향이나 장소를 표현** 할 때, 그 반대되는 의미는 전치사 **на** 나 를 사용한다. 그러나 **в** 브 와 결합하는 명사는 **из** 이즈 를 반대 의미의 짝으로 갖는다.

▲ **Она сидела на дереве.** 〔전치격〕 그녀가 나무 위에 앉아있었다.
아나 시젤라 나 제레베
• **сидеть** 시제찌 원형 앉다
• **дерево** 제레바 나무

▲ **Потом она слезла с дерева.** 〔소유격〕 그리고 그녀는 나무에서 내려왔다.
빠똠 아나 슬레즐라 스 제레바
• **слезть** 슬레즈찌 내리다, 기어내리다

◀ Когда мы приехали в Москву(대격), из Москвы(소유격) он уехал.
까그다 믜 쁘리에할리 브 마스크부, 이즈 마스크브이 온 우예할

우리가 모스크바에 도착했을 때, 그는 모스크바에서 떠났다.

- приехать 쁘리에하찌   오다, 도착하다
- уехать   우예하찌   가다, 떠나다

미래표현 быть + 동사원형

미래시제를 나타내는 표현은 2가지가 있다.

1 합성미래 : **быть** 브이찌 + 동사원형의 형태로, 미래에 계속 진행중인 상태를 나타낸다. **2** 단일미래 : 완료상 동사의 동사변화로 미래에 종결시키고자 하는 의지가 강한 행위를 나타낸다. 여기서는 합성미래에 대해 알아보자. P.2의 미래시제 참조

적용 예	● 불완료상 미래시제 합성미래	
я 야	буду 부두	
ты 띄	будешь 부제쉬	
он(она) 온/아나	будет 부제트	читать
мы 믜	будем 부졤	
вы 븨	будете 부제쩨	
они 아니	будут 부두트	

브이찌
быть + 동사원형
동사의 미래시제 변화형   불완료상

~할 것이다

책을 읽는 행위 자체에 초점!

Я буду читать книгу.
야 부두 취따찌 끄니구
나는 책을 읽을 것이다.

7. В ресторане 151

다양한 표현들

1 식당 표현

가게나 식당에서 보통 여자 종업원을 부를때는 **아가씨**라는 뜻의 **девушка** 제부쉬카를, 남자 종업원의 경우 **젊은이**라는 뜻의 **молодой человек** 말라도이 첼라베크를 사용한다. 이 외에 주로 사용하는 표현으로는 **меню** 메뉴 메뉴판, **счёт** 숏 계산서 등이 있다.

2 음식 표현

음식을 먹을 때 사용하는 주요 표현은 다음과 같다.

1 попробовать
빠프로보바찌
맛보다

2 кушать 쿠샤찌
есть 에스찌
먹다

3 пить
삐찌
마시다

또한 영어와 마찬가지로 아침, 점심, 저녁 식사를 나타내는 표현이 구분되어 있다.

- завтракать　자프뜨라까찌　　아침 식사를 하다
- обедать　아베다찌　　점심 식사를 하다
- ужинать　우쥐나찌　　저녁 식사를 하다

7. В ресторане　153

바꿔 쓰는 표현

01

Что	мы	будем	заказывать ?
쉬또	믜	부졤	자카즈이바찌
	они	будут	
	아니	부두트	
	хёнмин	будет	
	현민	부제트	

- быть 브이찌 미래형을 나타냄

▶ (우리는) | 무엇을 | 주문할까요?
  그들은 | |
▶ 현민씨는 | | 주문할 것입니까?

Мы	хотим	шашлык из свинины.
믜	하침	샤실릭 이즈 스비니느이
Они	хотят	блины.
아니	하챠트	블린느이
Хёнмин	хочет	зелёный чай.
현민	호체트	질료느이 차이

- хотеть 하쩨찌 원하다, 희망하다

▶ 우리는 | 돼지고기 샤실릭을 | 주문하겠습니다.
▶ 그들은 | 블린을 | 주문하고 싶어합니다.
▶ 현민씨는 | 녹차를 |

02

◀ **Анна хочет попробовать** | **корейскую** | **кухню.**
안나 호체트 빠프로보바찌 | 까례이스꾸유 | 꾸흐뉴

японскую
이뽄스꾸유

итальянскую
이탈리얀스꾸유

русскую
루스꾸유

▶ 안나는 | 한국식을 | 맛보고 싶어합니다.
      | 일본식을 |
      | 이탈리안식을 |
      | 러시아식을 |

• **попробовать** 빠프로보바찌 맛보다

러시아 음식

★ 보르쉬

★ 샤슬릭 (중앙 아시아)

양배추, 고기, 양파, 토마토, 비트 등을 넣고 끓인 러시아 전통 수프로 보통 스메따나라는 유제품을 곁들여 먹는다.

양념에 재운 고기를 야채와 함께 꼬치에 끼워 구워서 먹는 러시아식 꼬치요리이다. 양고기, 돼지고기, 닭고기, 연어 등 다양한 재료로 만들어 먹을 수 있다.

★ 블린

★ 삐록

러시아 음식 가운데 가장 오래되고 대중적인 음식이다. 팬케익과 유사한데 밀가루 반죽을 얇게 부쳐내어 잼, 과일 등을 얹어 먹는다.

만두보다 조금 크게 만든 파이 같은 음식이다. 밀가루 피에 고기, 생선, 양파, 버섯 등 다양한 속을 넣어 구워낸다. 블린과 함께 러시아 명절에 빠지지 않는 음식이다.

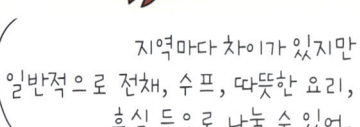

야호! 러시아에서는 넓은 영토 만큼이나 다양한 민족의 요리를 맛볼 수 있대.

지역마다 차이가 있지만 일반적으로 전채, 수프, 따뜻한 요리, 후식 등으로 나눌 수 있어.

오호~ 뭘 먹을까?

풀 코스로 고고고!!!

156 러시아첫걸음

본문

8

В поликлинике

병원에서

8. В поликлинике
병원에서

본문 1

Здравствуйте, на что жалуетесь?
즈드라브스뜨부이쩨, 나 쉬또 좔루에쩨씨
안녕하세요, 어디가 불편하십니까?

У меня сильно болит живот.
우 미냐 씰나 발리트 쥐보트
배가 심하게 아픕니다.

Когда он начал болеть?
까그다 온 나찰 발레찌
언제부터 아프기 시작했습니까?

• жалуетесь	좔루에쩨씨	동사 호소하다, 고통을 표하다	• начал	나찰	과거형동사 시작됐다
원형 жаловаться	좔로밧쨔		원형 начать	나차찌	시작하다
• сильно	씰나	부사 강한, 심한	• понедельника	뻐니젤니카	명사 월요일
• болит	발리트	동사 아프다	원형 понедельник	뻐니젤니크	
원형 болеть	발레찌				
• живот	쥐보트	명사 배	• день	젠	명사 일, 하루
• когда	까그다	부사 언제	• понос	빠노스	명사 설사

158 러시아첫걸음

병원

 С понедельника.
У меня был понос, а сегодня меня 1 раз вырвало.
스 빠니젤니카. 우 미냐 빌 빠노스, 아 씨보드냐 미냐 아진 라스 브이르발라
월요일부터요. 설사도 했고, 오늘은 한 번 토했습니다.

 Давайте я осмотрю живот. Ложитесь сюда.
다바이쩨 야 아스마뜨류 쥐보트. 라쥐쩨시 슈다
제가 배를 한 번 보도록 하겠습니다. 여기 누우세요.

 Хорошо.
하라쇼.
네, 알겠습니다.

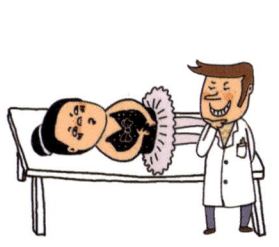
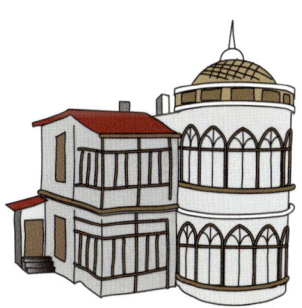

• раз	라스	명사	한 번, 회
• вырвало	브이르발라	과거형동사	구토했다
원형 вырвать	브이르바찌		구토하다
• ложитесь	라쥐쩨시	명령형동사	누우세요
원형 ложиться	라쥣쨔		눕다
• осмотреть	아스마뜨레찌	동사	자세히 살펴보다
• сюда	슈다	부사	여기에, 이리로

8. В поликлинике 159

 본문 2

 Виктор, что тебя беспокоит?
빅토르, 쉬또 쩨뱌 베스빠꼬이트

빅토르, 어디가 불편하니?

 У меня болит голова.
우 미냐 발리트 갈라바

머리가 아파.

 **У меня есть лекарство.
Принимай три раза в день после еды.**
우 미냐 에스찌 레카르스트바. 쁘리니마이 뜨리 라자 브 젠 뽀슬레 예드이

나한테 약이 있어. 식사 후 하루에 세 번 복용하면 돼.

 단어 알아두기

 TRACK 59

- **беспокоит** 베스빠꼬이트 동사 괴롭히다, 걱정시키다
  원형 **беспокоить** 베스빠까이찌
- **голова** 갈라바 명사 머리
- **лекарство** 레카르스트바 명사 약
- **принимай** 쁘리니마이 명령형동사 (약을) 복용하다
  원형 **принимать** 쁘리니마찌
- **после** 뽀슬레 전치사 이 후에

- **еды** 예드이 명사 식사, 음식물
  원형 **еда** 예다
- **наверно** 나베르나 부사 아마도
- **из-за** 이즈자 전치사 ~때문에
- **простуды** 쁘라스뚜드이 명사 감기
  원형 **простуда** 쁘라스뚜다
- **если** 예슬리 접속사 만약에

160 러시아첫걸음

병원

 Спасибо. Наверно из-за простуды.
쓰빠씨바. 나베르나 이즈자 쁘라스뚜드이
고마워. 아마도 감기 때문인 것 같아.

 Правда? Если сильно болит, обратись к врачу.
프라브다? 예슬리 씰나 발리트, 아브라찌스 크 브라추
그래? 심하게 아프면 병원에 가도록 해.

- **обратись** 아브라찌스 동사 호소하다
  원형 **обратиться** 아브라찟짜
- **к** 크 전치사 ~에게로
- **тоже** 또줴 부사 또한
- **врачу** 브라추 명사 의사
  원형 **врач** 브라치

8. В поликлинике

회화에 꼭 필요한 초간단 문법 설명

소유격 전치사 из-за + 소유격

~때문에 라는 뜻으로 사용된다

из-за (이즈자) 전치사 + 명사 소유격 = ~때문에

P 197 격변화 참조

▶ Наверно из-за простуды.
나베르나 이즈자 쁘라스뚜드이
아마도 감기 때문인 것 같아.

• простуды 쁘라스뚜드이   명사 감기
  원형 простуда 쁘라스뚜다

여격 전치사 к + 여격

~에게 가다/오다라는 뜻으로 사용된다.

к (크) 전치사 + 명사 여격 = ~에게

▶ Я иду к врачу.
야 이두 크 브라추
나는 의사에게(병원에) 간다.

• иду 이두   동사 가다
• врачу 브라추   남성명사 의사

162 러시아첫걸음

 **여격의 특수용법 можно, надо, нужно, нельзя 의 의미상주어**

의미상 주어는 여격으로 표시된다. 인칭대명사 격 196p, 형용사 격 변화표 198p 참조

- ▶ **Вам** надо обратиться к врачу.
  밤 나다 아브라찟짜 크 브라추
  당신은 의사에게(병원에) 가야만 합니다.

- ▶ **Больному** нельзя курить.
  발나무 넬쟈 꾸리찌
  환자는 담배를 피워서는 안됩니다.

- **вам** 밤 당신
  원형 **вы** 븨
- **надо** 나다 + 동사원형 ~해야만 한다
- **обратиться** 아브라찟짜
  말을 걸다, 호소하다 / 의사를 만나다, 병원에 가다
- **больному** 발나무 병든, 아픈 (환자)
  원형 **больной** 발노이
- **курить** 꾸리찌 담배피우다, 흡연하다

다양한 표현들

1 신체 표현

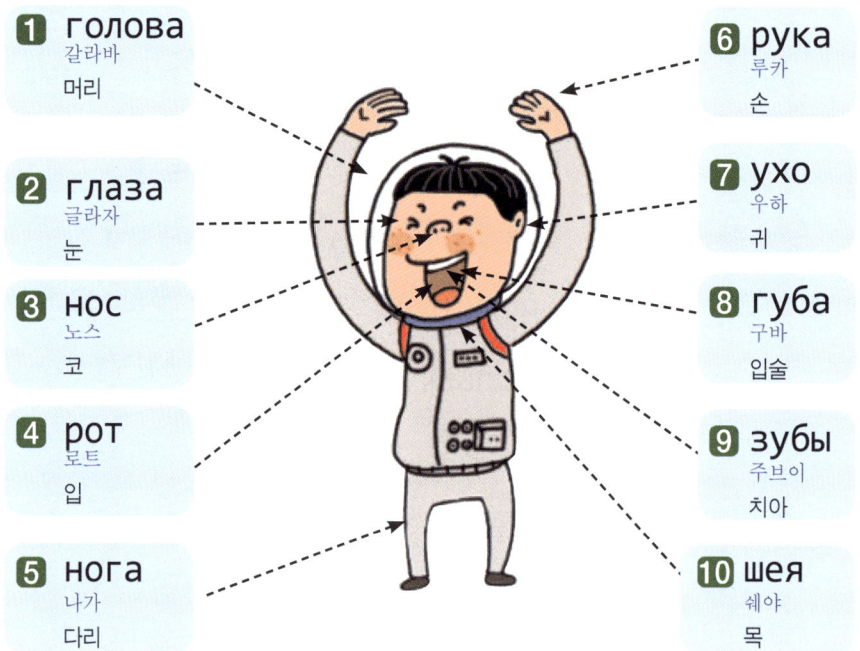

1. **голова** 갈라바 머리
2. **глаза** 글라자 눈
3. **нос** 노스 코
4. **рот** 로트 입
5. **нога** 나가 다리
6. **рука** 루카 손
7. **ухо** 우하 귀
8. **губа** 구바 입술
9. **зубы** 주브이 치아
10. **шея** 쉐야 목

2 날짜의 표현

날짜를 표현하는 단위는 **число** 치슬로 일(日) 이다. 이것은 중성명사이므로 답할 때는 서수사의 중성형이 사용된다. 일반적으로 대답에서 **число** 치슬로는 생략된다.

서수를 사용하는 표현

- **Какое число?** 까꼬에 치슬로 (서수사 중성형, й→е)
  몇 일입니까?
- **Сегодня второе марта.** 시보드냐 프따로에 마르따 (소유격)
  오늘은 3월 2일입니다.

  - **март** 마르뜨 3월
  - **второе** 프따로에 중성명사 2번째 (й→е)

164 러시아 첫걸음

사건이 일어난 정확한 날짜를 묻고 답할때는 소유격이 사용된다.

Какого числа? = **Когда?** 며칠에?
까꼬바 치슬라   까그다

↳ 중성형 소유격
Третьего февраля. 2월 3일에
뜨리에찌에바 페브랄랴   소유격

서수와 기수

	서수		기수	
1	первый	뻬르브이	один	아진
2	второй	프따로이	два	드바
3	третий	뜨레찌이	три	뜨리
4	четвёртый	치뜨뵤르뜨이	четыре	치뜨리
5	пятый	빠뜨이	пять	빠찌
6	шестой	쉐스또이	шесть	쉐스찌
7	седьмой	시지모이	семь	쎔
8	восьмой	붜시모이	восемь	붜씸
9	девятый	제뱌뜨이	девять	제뱌찌
10	десятый	제샤뜨이	десять	제샤찌

다양한 표현들

Месяц 메샤쯔 월

1. 1월 **январь** 얀바리
2. 2월 **февраль** 폐브랄
3. 3월 **март** 마르트
4. 4월 **апрель** 아프렐
5. 5월 **май** 마이
6. 6월 **июнь** 이윤
7. 7월 **июль** 이율
8. 8월 **август** 아브구스트
9. 9월 **сентябрь** 센챠브리
10. 10월 **октябрь** 악챠브리
11. 11월 **ноябрь** 나야브리
12. 12월 **декабрь** 제카브리
13. **зима** 짐마 겨울
14. **весна** 베스나 봄
15. **лето** 레따 여름
16. **осень** 오씬 가을

난 축제가 있는 겨울이 좋아~

- **первого января** (=**первого** (числа) **января**) — 1월 1일에
  뼈르바바 얀바랴   первое / 생략
- **десятого октября** — 10월 10일에
  제샤따바 악챠브랴
- **пятого января** — 1월 5일에
  빠따바 얀바랴
- **двадцать пятого декабря** — 12월 25일에
  드밧쩌찌 빠따바 제카브랴

1월 1일 **первое января** 뼈르보에 얀바랴은 원래 **первое** 다음 **число**가 생략된 형태야. 번역해보면 1월의 첫째날이라는 뜻이 되기 때문에 러시아어로 1월은 소유격 형태가 돼.

일 Число
찌슬로

1일	**первое** 뻬르보예	16일	**шестнадцатое** 쉐슷나짜또예
2일	**второе** 브따로예	17일	**семнадцатое** 쎔나짜또예
3일	**третье** 뜨리에찌예	18일	**восемнадцатое** 붜쎔나짜또예
4일	**четвертое** 치뜨뵤르또예	19일	**девятнадцатое** 제빗나짜또예
5일	**пятое** 빠또예	20일	**двадцатое** 드바짜또예
6일	**шестое** 쉐스또예	21일	**двадцать первое** 드바쩌찌 뻬르보예
7일	**седьмое** 씨지모예	22일	**двадцать второе** 드바쩌찌 프따로예
8일	**восьмое** 붜씨모예	23일	**двадцать третье** 드바쩌지 뜨리에찌예
9일	**девятое** 제뱌또예	24일	**двадцать четвертое** 드바쩌찌 치뜨뵤르또예
10일	**десятое** 제샤또예	25일	**двадцать пятое** 드바쩌찌 빠또예
11일	**одинадцатое** 아진나짜또예	26일	**двадцать шестое** 드바쩌찌 쉐스또예
12일	**двенадцатое** 드빈나짜또예	27일	**двадцать седьмое** 드바쩌찌 씨지모예
13일	**тринадцатое** 뜨린나짜또예	28일	**двадцать восьмое** 드바쩌찌 붜씨모예
14일	**четырнадцатое** 치뜨리나짜또예	29일	**двадцать девятое** 드바쩌찌 제뱌또예
15일	**пятнадцатое** 삐뜨나짜또예	30일	**тридцатое** 뜨리짜또예
		31일	**тридцать первое** 뜨리쩌찌 뻬르보예

바꿔 쓰는 표현

01

На что жалуетесь?
나 쒸또 좔루에쪠시

▶ 어디가 불편하십니까?

У меня болит
우 미냐 발리트

живот.
쥐보트

голова.
갈라바

глаз.
글라스

▶ 배가 　 아픕니다.
▶ 머리가
▶ 눈이

• жаловаться 좔로밧쨔   (불편을)호소하다, 고통을 표하다

> 우　　　　　발리트
> У + 소유격 + болит + 신체부위
> ~가 아프다

02

◁ **Анна, принимай лекарство три раза в день.**
안나, 쁘리니마이 레카르스트바　뜨리 라자　브 젠

один раз
아진 라스

два раза
드바 라자

▶ 안나, 하루에 │ 세 번 │ 약을 복용하도록 해.
　　　　　　　│ 한 번 │
　　　　　　　│ 두 번 │

- раз　라스　~회, 번
- в день　브 젠　하루에

러시아의 종교

★ 우스펜스키 성당

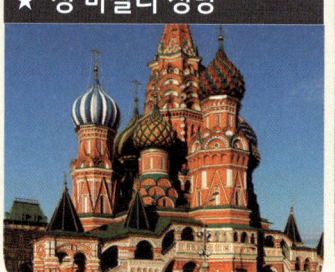

러시아에서는 국교 대성당이라고도 부르며 황제의 대관식과 모스크바 총주교의 장례식이 치뤄지기도 했다.

★ 성 바실리 성당

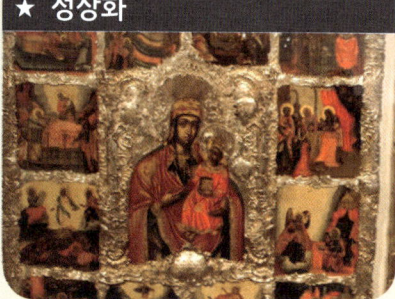

러시아에서 가장 잘 알려진 건축물 중 하나로 높이와 모양이 다른 아홉개의 양파 모양 지붕으로 이루어진 성당이다. 가장 러시아적, 세계적인 건축물로 평가받고 있다.

★ 성상화

러시아 정교회에서 성상화는 매우 중요한 의미를 갖는다. 성상화가 정교회에서 이처럼 중요하게 자리잡게 된 것은 사제의 설교가 없기 때문이라고 한다. 대부분의 신자들은 글을 읽을 줄 몰랐고 교리에 대해서는 아무것도 몰랐으며 교회의 많은 원칙들을 이해하지 못했다. 때문에 성상화는 농민의 바이블이나 다름이 없었고, 그 자체가 숭배의 대상이었다. 대다수 러시아인들은 성상화에 그려진 그림을 통해 정교의 가르침을 느끼고 실천했으며, 그리하여 성상화는 러시아 문화의 상징으로 모든 집에 걸리게 되었다.

본문
9

Я хочу вас пригласить.
당신을 초대하고 싶어요.

9. Я хочу вас пригласить.

당신을 초대하고 싶어요.

본문 1

**Завтра у нас будет праздник.
Я хочу вас пригласить на ужин.**
자프트라 우 나스 부제트 쁘라즈니크. 야 하추 바스 쁘리글라시찌 나 우쥔

내일이 러시아 축제예요. 저녁식사를 초대하고 싶어요.

Какой праздник? Я не знал.
까꼬이 쁘라즈니크? 야 녜 즈날

어떤 축제인데요? 모르고 있었어요.

**Это традиционный праздник - Масленица.
Мы отмечаем его в течение недели перед Великим постом.**
에떠 트라지찌온느이 쁘라즈니크 마슬레니짜. 믜 아트메차엠 이보 브 쩨체니에 녜젤리 뻬레드 벨리킴 빠스똠

마슬레니차라고 전통 축제예요. 사순절을 앞두고 일 주일동안 맞이해요.

단어 알아두기

TRACK 63

• праздник	쁘라즈니크	명사	축제, 명절
• пригласить	쁘리글라시찌	동사	초대하다
• ужин	우쥔	명사	저녁식사
• знал 원형 знать	즈날 즈나찌	동사	알았다 알다
• традиционный	트라지찌온느이	형용사	전통적인
• отмечаем отмечают 원형 отмечать	아트메차엠 아트메차유트 아트메차찌	동사	맞이하다 제1변화형
• в течение	브 쩨체니에	전치사	~동안에, 사이에
• недели 원형 неделя	니젤리 니젤랴	명사	주, 한 주
• перед	뻬레드	전치사	~앞에

초대

Мне интересно как в России отмечают праздники. Спасибо за приглашение.
므녜 인체레스나 까끄 브 러시이 아트메차유트 쁘라즈니키. 쓰빠시바 자 쁘리글라쉐니에

러시아에서는 어떻게 축제를 보내는지 궁금하네요. 초대해주셔서 감사합니다.

Не за что.
녜 자 쉬또

Приходите к нам к шести часам вечера.
쁘리하지쩨 크 남 크 쉐스찌 취쌈 베체라

До свидания.
다 스비다니야

천만예요. 저녁 6시까지 오세요. 그때 만나요.

• Великим постом 벨리킴 빠스똠	명사	사순절	• за	자	전치사	~에 대하여
원형 Великий пост 벨리키 뽀스트			• приглашение	쁘리글라쉐니에	명사	초대
			• не за что	녜 자 쉬또	숙어	천만예요
• интересно 인체레스나	형용사	흥미로운	• приходите 원형 прийти	쁘리하지쩨 쁘리이찌	명령형동사	오세요 오다, 이르다
원형 интересный 인체레스느이			• свидания 원형 свидание	스비다니야 스비다니에	명사	만남

9. Я хочу вас пригласить. 173

본문 2

Обязательно приезжай к нам в гости в Корею.
아비자젤나 쁘리에즈좌이 크 남 브 고스찌 브 까레유

시간 될 때 꼭 한국에 오도록 해.

Хорошо. Я поеду во время отпуска.
하라쇼. 야 빠에두 바 브레먀 오트뿌스카

그래. 휴가 때 놀러갈게.

Когда будет отпуск?
까그다 부제트 오트뿌스크

휴가가 언제야?

단어 알아 두기

TRACK 65

- **обязательно** 아비자젤나 부사 꼭
- **приезжай** 쁘리에즈좌이 동사 (타고) 도착하다, 오다
  원형 **приехать** 쁘리에하찌
- **гости** 고스찌 명사 손님
  원형 **гость** 고스찌
- **поеду** 빠에두 동사 가다
  원형 **пойти** 빠이찌
- **отпуска** 오트뿌스카 명사 휴가
  원형 **отпуск** 오트뿌스크

초대

 Собираюсь отдохнуть в июле или августе.
싸비라유스 아다흐누찌 브 이율레 일리 아브구스쩨

7월이나 8월쯤 쉬려고 해.

 **Если ты хочешь приехать летом,
нужно заранее бронировать авиабилет.**
예슬리 띄 호체쉬 쁘리에하찌 레똠, 누쥐나 자란녜예 브라니로바찌 아비아빌레트

여름에 오려면, 미리 비행기표를 예약해야 할거야.

 Хорошо, спасибо.
하라쇼, 쓰빠시바

알겠어, 고마워.

- **собираюсь** 싸비라유스 동사 준비하다, 채비하다
  원형 **собираться** 싸비랏짜
- **отдохнуть** 아다흐누찌 동사 휴식하다, 쉬다
- **если** 예슬리 접속사 만약
- **заранее** 자란녜예 부사 미리
- **авиабилет** 아비아빌레트 명사 비행기표

9. Я хочу вас пригласить. 175

회화에 꼭 필요한 초간단 문법 설명

명령문

명령문은 ~**해라**라는 뜻의 명령, 촉구, 요청, 충고의 뜻을 나타내는 데 쓰인다.
① 불완료상 현재시제의 3인칭 어간을 사용한다. 또는 **② 완료상 미래시제 3인칭 어간에** **-и(-й), -ь** 가 붙는다. 복수형에는 **-те** 가 붙는다.

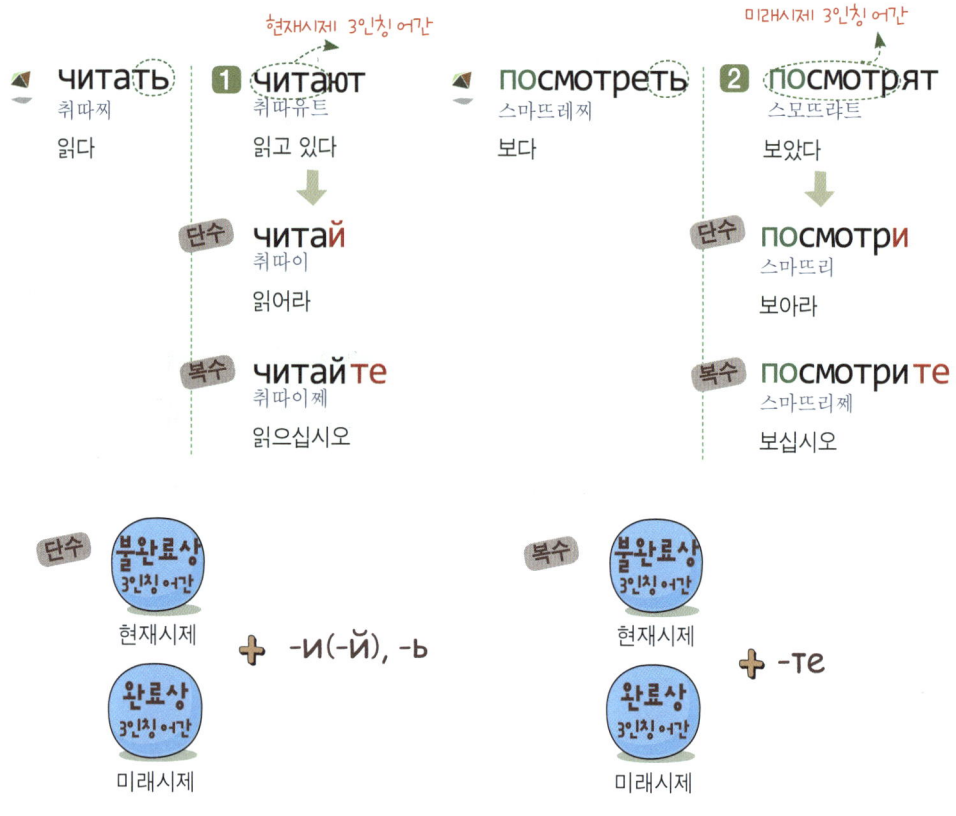

 권유, 제안

동사 **давать** 다바찌의 명령형은 **давай** 다바이 ~하자 와 **давайте** 다바이쩨 합시다이다.

▸ **Давай(те) дружить!** 친하게 지내자(지냅시다)!
   다바이(쩨) 드루쥐찌

▸ **Давай(те) пойдём в кино!** 영화보러 가자(갑시다)!
   다바이(쩨) 빠이죰 브 키노   원형 **идти** 이찌

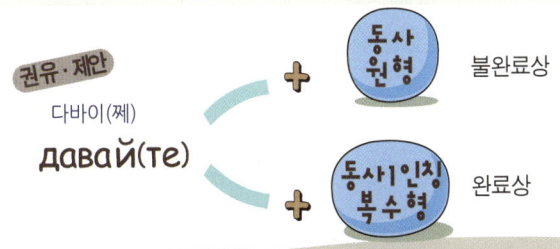

영화관은 **кинотеатр** 키노쩨아뜨르, 영화는 **кино** 키노야.
영화를 보러 가자는 표현은 **в кино**, **в кинотеатр** 모두 사용할 수 있어.

 복합 동작동사

다양한 접두사들이 동작동사와 결합하여 방향의 의미를 다양하게 표현할 수 있다.

▸ **Он вошёл в комнату.** →**в-**   그는 방으로 들어갔다.
   온 바숄 브 꼼나뚜   대격

▸ **Он вышел из комнаты.** **вы-**→   그는 방에서 나왔다.
   온 브이숄 이즈 꼼나뜨이   소유격

▸ **Мы пришли в офис.** →**при-**   우리는 오피스에 도착했다.
   미 쁘리쉴리 브 오피스   대격

▸ **Мы ушли из офиса.** **у-**→   우리는 오피스에서 떠났다.
   미 우쉴리 이즈 오피사   소유격
                                • **шёл, шли**   원형 **идти** 잇찌

다양한 표현들

1 초대 표현

~를 행사에 초대하다 라는 표현은 다음과 같다.

пригласить(쁘리글라시찌) + 소유격 + на(나) + ~   ~를 ~~에 초대하다.

▸ **Я приглашаю вас на день рождения.**
야 쁘리글라샤유 바스 나 젠 라쥐제니야
저는 당신을 생일에 초대합니다.

초청장은 **приглашение** 쁘리글라쉐니에 이다. 러시아에서는 초대에 대한 선물로 보통 꽃이나 초콜렛을 한다.

- **приглашение** 쁘리글라쉐니에 초대장
- **день рождения** 젠 라쥐제니야 생일파티

2 전치사

전치사 **перед** 뻬레드는 조격과 함께 쓰여서 장소나 시간을 표현한다.
перед ~앞에, 전에 라는 뜻이다.

перед(뻬레드) + 명사(조격)   ~앞에, 전에

▸ **Мы гуляли перед обедом.** (과거형)
믜 굴랼리 뻬레드 아베돔
우리는 점심식사 전에 산책을 했다.

- **гулять** 굴랴찌 산책하다
- **обед** 아베드 점심식사

▸ **Мы отмечаем праздник перед Великим постом.**
믜 아트메차옘 쁘라즈니크 뻬레드 벨리킴 빠스톰
우리는 사순절을 앞두고 축제를 맞이한다.

- **отмечать** 아트메차찌 맞이하다
- **Великий пост** 벨리키 뽀스트 사순절

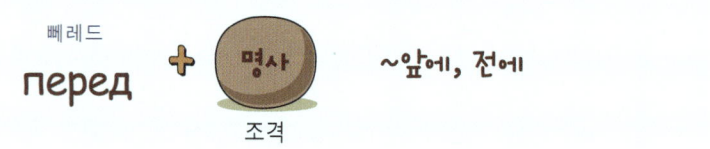

 바꿔 쓰는 표현  TRACK 68

01

Я хочу вас пригласить | **на ужин.**
야 하추 바스 쁘리글라시찌 | 나 우쥔
 | **в Корею.**
 | 브 까레유
 | **в августе.**
 | 브 아브구스쩨

- хотеть + 소유격 + 동사원형
  ~하고 싶다

▶ 당신을 | 저녁식사에 | 초대하고 싶어요.
  | 한국에 |
  | 8월에 |

↳ **Спасибо.**
  쓰빠시바

▶ 감사합니다.

02

Мне интересно как | **в России** | **отмечают праздник.**
므녜 인체레스나 까끄 | 브 러시이 | 아트메차유트 쁘라즈니크
 | **в Корее** |
 | 브 까레예 |
 | **в Японии** |
 | 브 이뽀니이 |

- **интересно** 궁금한, 홍미로운, 재미있는
  원형 **интересный** 인체레스느이
- **отмечают** 맞이하다
  원형 **отмечать** 아트메차찌

▶ 러시아에서 | 어떻게 명절을 맞이하는지 궁금합니다.
▶ 한국에서 |
▶ 일본에서 |

↳ **Обязательно приезжай(те) к нам в гости.**
  아비자쩰나 쁘리에즈좌이(쩨) 크 남 브 고스찌.

- **обязательно** 아비자쩰나 꼭, 반드시, 틀림없이
- **приезжай(те)** 명령형 도착하다, 오다 원형 **приехать** 쁘리에하찌
- **гости** 손님들 원형 **гость** 고스찌

▶ 꼭 오도록 하세요.

러시아 명절

★ 마슬레니차

마슬레니차는 러시아에서 매년 러시아정교회의 사순절 직전 일주일 동안 열리는 축제이다. 러시아뿐 아니라 우크라이나, 벨라루스 등 슬라브족 국가에 널리 퍼져 있는 봄 축제로써, 긴 겨울이 끝나갈 무렵 사순절을 앞두고 맛있는 음식을 먹고 술을 마시며 새로운 봄을 맞이하는 축제이다. 부활절을 기준으로 해마다 축제 시작일이 바뀌며 보통 매년 2월 말에서 3월 초 사이 월요일에 시작해 일요일까지 이어진다.

휴가 계획 세워야지~ 러시아의 주요 명절은 언제야?

1월 1일	새해
1월 7일	크리스마스
2월 23일	조국 수호자의 날
3월 8일	여성의 날
5월 9일	승리의 날
	(2차 세계대전 승전기념일)
6월 12일	러시아의 날 (독립기념일)
11월 4일	민족 통합의 날
12월 12일	헌법의 날

한방에 다 외울수 있어!!

본문
10
Электронная почта
이메일

10 이메일
Электронная почта

본문 1

Алло! Здравствуйте, это мистер Ким?
알로! 즈드라브스뜨부이쩨, 에떠 미스떼르 김

여보세요! 안녕하세요. 김 선생님이세요?

Да, это я. Анна, как ваши дела?
다, 에떠 야. 안나, 까끄 바쉬 젤라

네, 접니다. 안나씨, 잘 지내셨어요?

Хорошо.
하라쇼

Я хочу отправить фотографии, которые у меня есть.
야 하추 아트프라비찌 포토그라피이, 까또르이에 우 미냐 에스찌

네, 잘 지냈어요. 다름이 아니라 제가 가지고 있는 사진을 보내드릴려구요.

• алло	알로	감탄사	여보세요
• мистер	미스떼르	명사	미스터(Mr)
• отправить	아트프라비찌	동사	보내다
• фотографии	포토그라피이	명사	사진
원형 фотография	포토그라피야		
• которые	까또르이에	관계대명사	~하는, 그것의 혹은 그 사람의 (이따금 관계하는 명사 또는 대명사 생략됨)

182 러시아첫걸음

전화통화, 이메일

 Спасибо. Сможете отправить по емейлу?
쓰빠시바. 스모줴쩨 아트프라비찌 빠 이메일루
감사합니다. 그러면 이메일로 보내주실래요?

 Хорошо. Сообщите, пожалуйста, ваш адрес электронной почты.
하라쇼. 싸아브쉬쩨, 빠좔루이스따, 바쉬 아드레스 일렉트론노이 뽀취뜨이
알겠습니다. 이메일 주소 좀 가르쳐 주세요.

 Мой адрес электронной почты - hyunmin@mail.kr.
모이 아드레스 일렉트론노이 뽀취뜨이 –에이치 와이 유 엔 엠 아이 엔 싸바취카 메일 도치카 케이알
제 이메일 주소는 hyunmin@mail.kr 입니다.

• по	뽀	전치사	연락, 통신수단 앞에 붙는 전치사	
• сообщите 원형 сообщить	싸아브쉬쩨 싸아브쉬찌	동사	알리다, 전하다	
• адрес	아드레스	명사	주소	
• емейлу 원형 емейл	이메일루 이메일	명사	이메일	
• электронной почты 원형 электронная почта	일렉트론노이 뽀취뜨이 일렉트론나야 뽀취따	명사	이메일	

10. Электронная почта

본문 2

 Виктор, мой емейл адрес - yuna@mail.kr.
빅토르, 모이 이메일 아드레스- 와이 유 엔 에이 사바취카 메일 또취카 케이알

빅토르, 내 이메일 주소는 yuna@mail.kr이야.

 Хорошо.
하라쇼

А мой адрес электронной почты - victor@mail.ru.
아 모이 아드레스 일렉트론노이 뽀취뜨이 - 브이 아이 씨 티 오 알 사바취카 메일 또취카

**Напиши мне емейл.**
나피쉬 므녜 이메일

응, 내 이메일 주소는 victor@mail.ru이야. 이메일 쓰도록 해.

- **напиши** 나피쉬   명령형동사 쓰도록 해
  원형 **написать** 나피사찌   쓰다

전화통화, 이메일

 **Хорошо. Скажи мне когда приедешь.
А также передай привет родителям.**
하라쇼. 스카쥐 므녜 까그다 쁘리에제쉬. 아 딱크줴 뻬레다이 쁘리베트 라지쩰럄
알겠어. 너도 언제 올 지 미리 알려죠. 부모님께도 안부 전해주고.

 Хорошо. Я напишу емейл. До свидания.
하라쇼. 야 나피슈 이메일. 다 스비다니야
알겠어. 이메일 쓸게. 안녕.

 До встречи.
다 브스트레치 .
잘 지내.

• скажи	스카쥐	동사	말하다	• родителям	라지쩰럄	명사	부모님께
원형 сказать	스카자찌			원형 родители	라지쩰리		부모님
• привет	쁘리베트	인사말	안녕				
• также	딱크줴	접속사	또한				
• передай	뻬레다이	명령형동사	전해줘				
원형 передать	뻬레다찌		전하다				

10. Электронная почта

회화에 꼭 필요한 초간단 문법 설명

여격 전치사 по + 여격

연락, 통신수단 앞에 붙어 사용된다.

 ~로

- **по емейлу**
  빠 이메일루
- **по электронной почте**
  빠 일렉트론노이 빠취쩨
  이메일로

- **по почте**
  빠 빠취쩨
  우편으로

- **по радио**
  빠 라지오
  라디오로

- **по телефону**
  빠 쩰레폰누
  전화로

▶ **Он отправил информацию по емейлу.**
온 아트프라빌 인파르마찌유 빠 이메일루
그는 이메일로 정보를 보냈다.

- отправил 보내다
  원형 отправить 아트프라비찌

▶ **Она сообщила об этом по почте.**
아나 사아브쒸라 아브 에떰 빠 빠치쩨
그녀는 이것에 대해 우편으로 알렸다.

- сообщила 알리다
  원형 сообщить 사아브쉬찌

▶ **Мы слушаем музыку по радио.**
믜 슬루샤엠 무지꾸 빠 라지오
우리는 라디오로 음악을 듣는다.

- слушаем 듣다
  원형 слушать 슬루샤찌

▶ **Они разговаривают по телефону.**
아니 라즈거바리바유트 빠 쩰레폰누
그들은 전화로 이야기했다.

- разговаривают 대화하다, 이야기하다
  원형 разговаривать 라즈거바리바찌

관계대명사

관계대명사는 주절과 종속절을 연결할 때 사용되며, 명사가 주절의 선행사로 오는 경우 **который** 까또로이 가 쓰인다.

야 하추 아트프라비찌 포토그라피이, 까또로이에 우 미냐 에스찌
- Я хочу отправить фотографии, которые у меня есть.

내가 가지고 있는 사진을 보내주고 싶습니다.

야 빠즈바닐 드루구, 까또로이 쁘리에할 이즈 까레이
- Я позвонил другу, который приехал из Кореи.

나는 한국에서 온 친구에게 전화했다.

- **приехал** 오다, 도착하다
  원형 **приехать** 쁘리에하찌
- **позвонил** 전화하다
  원형 **позвонить** 빠즈바니찌

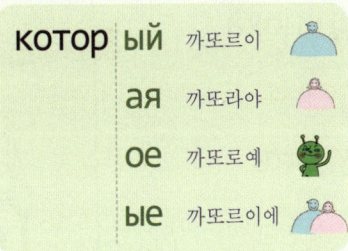

котор	ый	까또로이
	ая	까또라야
	ое	까또로예
	ые	까또로이에

대립의 의미 a

접속사 a는 반대는 아니지만 대립되는 개념을 나타낸다.

- Он читает, а она поёт.   그는 독서를 하고, 그녀는 노래한다.
  온 취따예트, 아 아나 빠요트

- Это стол, а это стул.   이것은 책상이고, 저것은 의자이다.
  에떠 스똘, 아 에떠 스뚤

다양한 표현들

1 가족 **семья** 씸야 표현

1 большая семья
발쇼야 씸야
대가족

2 дядя 쟈쟈
남자 친척어른
(큰아버지, 작은아버지 등)

3 родители
라지쩰리
부모님

4 тётя 쬬쨔
여자 친척어른
(이모, 고모 등)

5 дедушка
제두쉬카
할아버지

6 бабушка
바부쉬카
할머니

7 отец · папа
아쩨쯔 빠빠
아버지 아빠

8 мать · мама
마찌 마마
어머니 엄마

9 сын
씬
아들

10 дочь
도치
딸

11 брат
브라트
남자형제

12 сестра
씨스트라
여자형제

13 старший брат
스타르쉬 브라트
형, 오빠

14 старшая сестра
스타르쇼야 씨스트라
누나, 언니

15 младший брат
믈라드쉬 브라트
남동생

16 младшая сестра
믈라드쇼야 씨스트라
여동생

17 тесть
쩨스찌
장인

18 тёща
쬬샤
장모

19 сноха
스나하
며느리

20 зять
쟈찌
사위

21 племянник
쁠레먀니크
남자 조카

22 племянница
쁠레먀니짜
여자 조카

2. 인터넷 표현

러시아에서 인터넷은 속도에 따라 서비스 가격이 다르며, 인터넷 서비스 공급 회사마다 조금씩 차이가 있다.

- 인터넷
  интернет
  인떼르넷

- 이메일
  емейл 이메일
  электронная почта
  일렉트론나야 뽀취따

- sns
  социальная сеть
  싸찌알나야 쎄찌

- 문자 메시지
  текстовое сообщение
  쩩스따보에 싸아브쉐니에

3. 러시아 SNS

- 브칸탁쩨
  ВКонтакте
  브칸탁쩨

- 아드나클라스니키
  Одноклассники
  아드나클라스니키

- 페이스북
  Фейсбук
  페이스북

- 쥐보이 주르날
  Живой Журнал
  쥐보이 주르날

- 트위터
  Твиттер
  트위터

- 포토스트라나
  Фотострана
  포토스트라나

- 핸드폰
  сотовый телефон 소토브이 쩰레폰
  мобильный телефон 모빌느이 쩰레폰

다양한 표현들

4 전화 표현

 전화를 걸 때

◂ Алло, здравствуйте!
   알로, 즈드라스뜨부이쩨
   여보세요, 안녕하세요!

◂ Это говорит Анна.
   에떠 거바리트 안나
   저는 안나입니다.
   • говорить 가바리찌 원형 말하다

◂ Можно попросить Анну?
   모쥐나 빠쁘라시찌 안누
   안나 좀 바꿔주세요.
   • мочь 모취 원형 가능하다

◂ Извините, Анна у себя?
   이즈비니쩨, 안나 우 쎄뱌
   죄송합니다만, 안나 있나요?

전화를 받을 때

◂ Алло, я вас слушаю.
   알로, 야 바스 슬루샤유
   여보세요, 말씀하세요.
   • слушать 슬루샤찌 원형 듣다

3 잠시 기다리라고 할때

- **Подождите, пожалуйста.** 잠시만 기다리세요.
  빠다쥐지쩨, 빠좔루이스따
  - **ждать** 쥐다찌 원형 기다리다

- **Одну минуту.** 잠시만요.
  아드누 미누뚜
  - **один** 아딘 원형 1, 하나

- **Анны нет на месте.** 안나씨는 자리에 없습니다.
  안느이 넷 나 메스쩨
  - **место** 메스따 중성명사 장소

4 잘 안들릴 때

- **Плохо слышу.** 잘 안들려요.
  쁠로하 슬릐슈
  - **плохой** 쁠라호이 원형 나쁘다

- **Извините, скажите мне, пожалуйста, еще раз.**
  이즈비니쩨, 스카쥐쩨 므녜, 빠좔루이스타, 이쇼 라스
  다시 한번 말씀해주세요.
  - **сказать** 스카자찌 원형 말하다
  - **еще раз** 이쇼 라스 원형 다시 한번

- **Говорите, пожалуйста, медленно.**
  거바리쩨, 빠좔루이스타, 메들렌나
  천천히 말씀해 주세요.
  - **говорить** 거바리찌 원형 말하다
  - **медленно** 메들렌나 천천히

바꿔 쓰는 표현

01

◀ **Скажите, пожалуйста, ваш** 　 **адрес электронной почты.**
스카쥐쩨, 빠좔루이스따, 　바쉬　　 아드레스 일렉트론노이 뽀취뜨이

　　　　　　　　　　　　　　емейл адрес.
　　　　　　　　　　　　　　이메일 아드레스

　　　　　　　　　　　　　　телефонный номер.
　　　　　　　　　　　　　　쩰레폰느이 노메르

- **скажи** 동사 말하다
  сказать 스카자찌

▶ 이메일 주소 ｜ 좀 말씀해 주세요.
▶ 이메일 주소
▶ 전화번호

이메일 표현은 순수 러시아어인 전자우편이라는 뜻의 **электронная почта** 일렉트로나야 뽀취따 와 영어에서 차용된 **емейл** 이메일을 쓸 수 있어.

◀ **Мой** 　 **адрес электронной почты _____.**
모이 　　 아드레스 일렉트론노이 뽀취뜨이

　　　　емейл адрес _____.
　　　　이메일 아드레스

　　　　телефонный номер _____.
　　　　쩰레폰느이 노메르

▶ 저의 이메일 주소는 ｜ _____입니다.
▶ 저의 이메일 주소는
▶ 저의 전화번호는

192　러시아첫걸음

02

- **Алло, здравствуйте!** Это говорит | **Хёнмин.**
  알로, 즈드라스뜨부이쩨! 에떠 거바리트 | 현민
  | **Анна.**
  | 안나
  | **Виктор.**
  | 빅토르

▶ 여보세요, 안녕하세요! 저는 | 현민 | 입니다.
　　　　　　　　　　　　　　 | 안나 |
　　　　　　　　　　　　　　 | 빅토르 |

03

- **Можно попросить Антона?**
  모쥐나 빠프라시찌 안톤나
- **Юна у себя?**
  윤아 우 쎄뱌
- **Наташа на месте?**
  나타샤 나 메스쩨

▶ 안톤 좀 바꿔주세요.
▶ 윤아 있나요?
▶ 나타샤 있나요? (사무실로 전화걸 때)

10. Электронная почта

러시아의 주요 도시

어디로 가야 할까? 러시아에서 꼭 가봐야 할 곳은 어디지?

한국인에게 가장 잘 알려진 러시아의 도시는 수도인 모스크바와 관광지로 유명한 상트페테르부르크, 그리고 지리적으로 인접한 블라디보스토크가 있어.

★ 모스크바

러시아의 수도이다. 18세기 상트페테르부르크로 수도가 옮겨진 뒤 모스크바는 러시아의 수공업과 상업의 중심지로 계속 발전해왔고, 상트페테르부르크와 함께 러시아의 2대 중심지로서 지위를 유지해 왔다. 러시아혁명 후 다시 수도가 된 모스크바는 소비에트시대에 정치, 문화, 경제, 교통 중심지로서 급속한 발전을 거듭해왔고, 1991년 이후 러시아연방의 수도로 역할을 하고 있다.

★ 상트페테르부르크

도시 전체가 '박물관' 이라 는 별칭이 붙은 러시아 제2의 도시다. 계획적으로 건설된 도시로 약 500여 개의 다리로 연결된 '북방의 수도' 로도 불려왔다. 여름에는 백야 현상이 나타나며, 겨울에는 네바강과 해안의 바다가 얼지만 쇄빙선에 의해 항로는 거의 연중 유지된다.

★ 블라디보스토크

연해주 지방에 있는 항만 도시이다. 연해주 지방의 경제, 문화 중심지이며 동해 연안 최대의 항구 도시로도 불린다. 국립극동대학교를 비롯한 여러 대학들이 위치해있는데, 특히 국립극동대학교의 경우 최초의 한국학 단과대학인 한국학대학이 설치된 것으로 알려졌다.

부록

인칭대명사 격 변화표

	단수			복수		
	1인칭	2인칭	3인칭	1인칭	2인칭	3인칭
주격	я 야 나	ты 띄 너	он 온 그 она 아나 그녀 оно 아노 그것	мы 믜 우리	вы 븨 당신	они 아니 그들
소유격 생격	меня 미냐 나의	тебя 쩨뱌 너의	его 이보 그의 её 예요 그녀의	нас 나스 우리의	вас 바스 당신의	их 이흐 그들의
여격	мне 므녜 나에게	тебе 쩨베 너에게	ему 예무 그에게 ей 예이 그녀에게	нам 남 우리에게	вам 밤 당신에게	им 임 그들에게
목적격 대격	меня 미냐 나를	тебя 쩨뱌 너를	его 이보 그를 её 예요 그녀를	нас 나스 우리를	вас 바스 당신을	их 이흐 그들을
조격	мной 므노이 나와	тобой 따보이 너와	им 임 그와 ей 에이 그녀와	нами 나미 우리와	вами 바미 당신과	ими 이미 그들과
전치격	(обо)мне 아바 므네 나에 대해	(о) тебе 아 쩨베 너에 대해	(о) нём 아 뇸 그에 대해 (о) ней 아 네이 그녀에 대해	(о) нас 아 나스 우리에 대해	(о) вас 아 바스 당신에 대해	(о) них 아 니흐 그들에 대해

명사의 격 변화표

	단 수			복 수
	남성	여성	중성	
주격	-자음, -ь/-й	-а/-я	-о/-е	-ы, -и/-а, -я
소유격=생격	-а/-я	-ы/-и	-а/-я	-ов/-ев/-ей
여격	-у/-ю	-е	-у/-ю	-ам/ям
목적격=대격	주,생격	-у/-ю	-о/-е	주,생격/ -а, -я
조격	-ом/-ем	-ой/-ей	-ом/-ем	-ами/-ями
전치격	-е	-е	-е	-ах/-ях

적용 예

	단 수			복 수
	남성	여성	중성	
주격	студент (대학생)	комната (방)	поле (들판)	гости (손님들)
소유격/생격	студента	комнаты	поля	гостей
여격	студенту	комнате	полю	гостям
목적격/대격	студента	комнату	поле	гостей
조격	студентом	комнатой	полем	гостями
전치격	студенте	комнате	поле	гостях

부록

형용사 격 변화표

	단수			복수
	남성	여성	중성	
주격	-ый/-ий/-ой	-ая/-яя	-ое/-ее	-ые/-ие
소유격 생격	-ого/-его	-ой/-ей	-ого/-его	-ых/-их
여격	-ому/-ему	-ой/-ей	-ому/-ему	-ым/-им
목적격 대격	주, 생격	-ую/-юю	주격	주, 생격
조격	-ым/-им	-ой/-ей	-ым/-им	-ыми/-ими
전치격	-ом/-ем	-ой/-ей	-ом/-ем	-ых/-их

적용 예

	단수			복수
	남성	여성	중성	
주격	новый 새로운	новая	новое	новые
소유격 생격	нового	новой	нового	новых
여격	новому	новой	новому	новым
목적격 대격	주, 생격	новую	новое	주, 생격
조격	новым	новой	новым	новыми
전치격	новом	новой	новом	новых

• **новый** 노브이 새것의, 새로운

동사 변화표

(1) 현재시제

동사는 현재·과거·미래의 3가지 시제가 있다. 현재시제와 미래시제는 인칭과 수에 따라서 과거시제는 성과 수에 따라서 변화한다.

1 현재 시제의 어미 변화

	단 수		복 수	
1인칭	я	-у/-ю	мы	-ем, -им
2인칭	ты	-ешь, -ишь	вы	-ете, -ите
3인칭	он(она)	-ет, -ит	они	-ут/-ют, -ат/-ят

적용 예	● 제 1변화형		● 제 2변화형	
	불완료상	완료상	불완료상	완료상
я 야	читаю	прочитаю	смотрю	посмотрю
ты 띄	читаешь	прочитаешь	смотришь	посмотришь
он(она) 온/아나	читает	прочитает	смотрит	посмотрит
мы 믜	читаем	прочитаем	смотрим	посмотрим
вы 븨	читаете	прочитаете	смотрите	посмотрите
они 아니	читают	прочитают	смотрят	посмотрят

부록 **199**

(2) 과거시제

과거시제는 성과 수에 따라서 변화한다.
과거시제는 인칭과 수에 따라 변화하는 현재시제와는 달리 성과 수에 따라서만 변화한다.
단수에서는 동사 미정형 어간에 남성은 **-л,** 여성은 **-ла,** 중성은 **-ло** 를 덧붙인다.
복수에서는 동사 미정형 어간에 **-ли**를 덧붙인다

어간 + -л -ㄹ / -ла -라 / -ло -로
동사

어간 + -ли -리
동사

1 과거시제의 어미 변화

	단 수		복 수	
남성	он 온	-л		
여성	она 아나	-ла	они 아니	-ли
중성	оно 아노	-ло		

적용 예

	단 수		복 수	
남성	он	читал		
여성	она	читала	они	читали
중성	оно	читало		

동사변화표

(3) 미래시제

미래시제에는 2가지 형태가 있다. 그 중 하나는 **1** 합성미래로서 행위가 미래에도 계속 일어나 진행중인 불완료상 미래시제가 있다. 불완료상 미래시제는 **быть** 브이찌 + 동사원형: ~하고 있을 것이다 이다.

적용 예	불완료상 미래시제 합성미래	
я 야	буду 부두	
ты 띄	будешь 부제쉬	
он(она) 온/아나	будет 부제트	читать
мы 믜	будем 부젬	
вы 븨	будете 부제쩨	
они 아니	будут 부두트	

부록 201

동사변화표

완료상에 의한 미래시제는 ❷ **단일미래로서 미래에 종결시키고자 하는 의지가 강한 행위를 나타낸다.** 완료상 미래시제는 완료상 동사의 동사변화로 이루어진다.

동사의 미래시제 변화형

적용 예	● 완료상 미래시제 단일미래
Я 야	прочита**ю** 프로취따유
ты 띄	прочита**ешь** 프로취따예쉬
он(она) 온/아나	прочита**ет** 프로취따예트
мы 믜	прочита**ем** 프로취따옘
вы 븨	прочита**ете** 프로취따예쩨
они 아니	прочита**ют** 프로취따유트

Я прочитаю книгу.
야 프로취따유 끄니구
나는 책을 (다) 읽을 것이다.

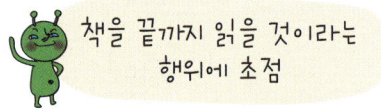

책을 끝까지 읽을 것이라는 행위에 초점

내 발음 vs 러시아어 발음

앱으로 체크하며 러시아어를 학습한다!

동인랑과 KeyBox 가 만나 사고쳤다!!

mp3무료다운은 기본,
어젯밤에 책으로 본 내용을 앱으로 복습하고 예습한다!

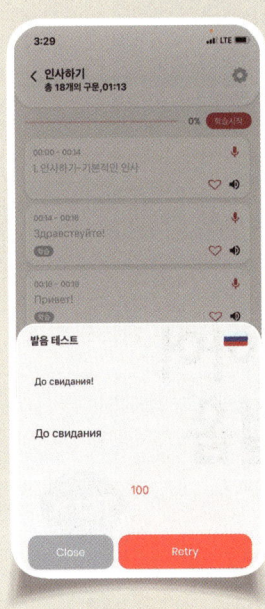

- 내 발음과 러시아어 발음의 차이를 앱으로 체크하고 학습하는 시대!

- 앱으로 내가 설정한 학습루틴에 따라 앱이 학습진도를 확인하고 알려 준다

- 책 없이 앱으로 원어민의 mp3와 러시아어 텍스트를 보면서 듣는다!

애플 앱스토어에서
키박스 플레이어 앱을 다운로드 받으세요

구글 플레이에서
키박스 플레이어 앱을 다운로드 받으세요

* 앱의 일부 기능은 유료입니다.

열공! 왕초짜 첫걸음 시리즈

혼자서 손쉽게 외국어의 기초를 다진다!

- 혼자서 손쉽게 외국어의 기초를 다진다!
- 발음부터 대화문 듣기까지 한 권으로 정복한다!
- 들리는 대로만 따라하면 저절로 외국어회화가 된다!

MP3 다운
KakaoTalk
1:1 상담

왕초짜 여행시리즈 동인랑

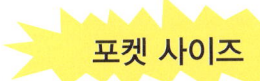
포켓 사이즈

왕초짜 여행 시리즈 계속 출간됩니다!

★ 처음 해외 여행을 떠나는 분들을 위한 **왕초짜 여행회화**
★ 해외 여행시 꼭 필요한 문장들만 수록 **우리말 발음**이 있어 편리!
★ 상황에 따라 쉽게 골라쓰는 여행회화
★ 도움되는 **활용어휘**, 한국어 · 외국어 **단어장**
★ 휴대하기 편한 포켓 사이즈

동인랑 러시아어

카카오플러스에서 1:1 상담으로
함께 공부하세요!

저자 이혜경
5판 1쇄 2024년 11월 20일   발행인 김인숙   발행처 (주)동인랑
Editorial Director 김인숙   표지 디자인 김미선   내지 디자인 김소아
Printing 삼덕정판사

139-240
서울시 노원구 공릉동 653-5

대표전화 02-967-0700
팩시밀리 02-967-1555
출판등록 제 6-0406호
ISBN 978-89-7582-684-9

©2024, Donginrang Co..Ltd
본 교재에 수록되어 있는 모든 내용과 사진, 삽화 등의 무단 전재·복제를 금합니다.

All right reserved. No part of this book or audio CD may be reproduced or transmitted
in any form or by any means, without permission in writing from the publisher.

동인랑 에서는 참신한 외국어 원고를 모집합니다.   e-mail : webmaster@donginrang.co.kr